Ulrich Weber

Angela Hörchens

KÜNDIGUNG UND KÜNDIGUNGSSCHUTZ

UEBERREUTER

Die Deutsche Bibliothek – CIP-Einheitsaufnahme

Weber, Ulrich:
Kündigung und Kündigungsschutz ... zuverlässige Strategien und erfolgreiche Taktik für Arbeitgeber und Arbeitnehmer / Ulrich Weber; Angela Hörchens. – 2., vollständig überarb. und erw. Auflage – Wien : Wirtschaftsverl. Ueberreuter, 1997
 ISBN 3-7064-0287-4
 NE: Hörchens, Angela

S 0289   1 2 3 / 99 98 97

Alle Rechte vorbehalten
Umschlag: Kurt Reindl
unter Verwendung eines Bildes der Bildagentur Image Bank
Copyright © 1997 by Wirtschaftsverlag Carl Ueberreuter, Wien
Printed in Austria

Inhalt

Vorwort ... 7

A Kündigung wegen Krankheit ... 9

1. Die Kurzerkrankung ... 11
2. Die Langzeiterkrankung ... 28
3. Die Kündigung bei krankheitsbedingter Leistungsminderung ... 33
4. Der Nachweis der Erkrankung ... 36
5. Krankheitskündigung oder Umschulung ... 39

B Arbeitsrechtliche Abmahnung und verhaltensbedingte Kündigung ... 43

1. Die Abmahnung ... 45
2. Die verhaltensbedingte Kündigung anläßlich entschuldigter oder unentschuldigter Fehlzeiten des Arbeitnehmers ... 55
3. Fehlende Ehrlichkeit zerstört das Vertrauensverhältnis und rechtfertigt die Kündigung ... 59
4. Verdachtskündigung und Kündigung wegen erwiesener strafbarer Handlung erfordern zeitnahes Arbeitgeberhandeln! ... 63
5. Die gefährliche Nebentätigkeit ... 66
6. Weitere Vertragsverletzungen ... 70

C Alkoholismus im Betrieb ... 75

D Betriebsbedingte Kündigung und Massenentlassung ... 81

1. Vom Arbeitgeber nachzuweisende „dringende betriebliche Erfordernisse" ... 83

2. Vom Arbeitnehmer nachzuweisende Fehler in der
   Sozialauswahl _____ 87
3. Besonderer Schutz für Betriebsräte _____ 91
4. Betriebsänderungen und Sozialplanansprüche _____ 93
5. Der Vorrang der Änderungskündigung _____ 98
6. Der Schleudersitz im Konzernverbund _____ 103
7. Wenn diese 12 Punkte berücksichtigt sind, steht
   einer Kündigung nichts mehr im Wege _____ 109

E Sonderkündigungsschutz _____ **115**

1. Der Kündigungsschutz der Schwerbehinderten _____ 117
2. Der Kündigungsschutz während der Schwangerschaft und des Erziehungsurlaubes _____ 125
3. Der Kündigungsschutz der Betriebsräte _____ 131
4. Der Kündigungsschutz für Zeiten des Wehr-, Ersatz-
   oder Zivildienstes _____ 136

F Anhang _____ **141**
Die wichtigsten gesetzlichen Bestimmungen

1. Kündigungsschutzgesetz (KSchG) _____ 143
2. Entgeltfortzahlungsgesetz (EntgeltfortzG) _____ 160
3. Bürgerliches Gesetzbuch (BGB) _____ 163
4. Betriebsverfassungsgesetz (BetrVG) _____ 166
5. Sprecherausschußgesetz (SprAuG) _____ 171
6. Mutterschutzgesetz (MuSchG) _____ 172
7. Bundeserziehungsgeldgesetz (BErzGG) _____ 174
8. Schwerbehindertengesetz (SchwbG) _____ 175
9. Gesetz über den Schutz des Arbeitsplatzes bei
   Einberufung zum Wehrdienst (ArbPlSchG) _____ 182
10. Gesetz über den Zivildienst der Kriegsdienstverweigerer (ZDG) _____ 184
11. Handelsgesetzbuch (HGB) _____ 185

Vorwort

Die derzeitige wirtschaftliche Lage zwingt viele Unternehmen, in erheblichem Umfang Kosten zu reduzieren. Vielfach werden die notwendigen Einsparungen durch Personalabbau vorgenommen. Hierbei denken die Arbeitgeber nicht nur an betriebsbedingte Kündigungen, sondern auch an Kündigungen aus verhaltens- oder personenbedingten Gründen.
Der vielfach propagierte „sanfte Personalabbau" bleibt oft ein Wunschtraum. Beide Seiten haben im Falle eines Rechtsstreits wegen einer Kündigung sehr viel zu verlieren. Das wirtschaftlich angeschlagene Unternehmen ist um den Kostenabbau bemüht. Der Arbeitnehmer kämpft um seinen Arbeitsplatz und damit für die wirtschaftliche Existenz seiner Familie. Will man diese Auseinandersetzung im Rahmen der gesetzlichen Möglichkeiten fair und erfolgreich führen, so sollte man die Rechtsprechung des Bundesarbeitsgerichts sorgsam beachten.
Die obersten Arbeitsrichter haben in den letzten Monaten durch mehrere Grundsatzentscheidungen neue Grundlagen für die Führung von Kündigungsschutzverfahren geschaffen. Arbeitgeber, Betriebsräte und Arbeitnehmer, die sich über diese Entwicklung in der Rechtsprechung nicht informieren, nehmen es in Kauf, unnötige Nachteile in etwaigen Auseinandersetzungen zu erleiden.
Die jüngsten Gesetzesänderungen des „Gesetzes zur Förderung von Wachstum und Beschäftigung"* eröffnen dem Arbeitgeber neue Möglichkeiten, eine betriebsbedingte Kündigung durchzusetzen. Gleichzeitig wird eine weitreichende Gestaltungsbefugnis des Betriebsrates oder – bei Fehlen eines solchen – der Mehrheit der Arbeitnehmer bei der Vereinbarung sogenannter Auswahlrichtlinien über die personelle Auswahl bei Kündigungen eingeführt. Auch diese rechtlichen Möglichkeiten müssen Arbeitgeber und Betriebsrat kennen, um effektiv agieren zu können. Der Arbeitnehmer ist hier gut beraten, wenn er sich über die

In Kraft seit dem 1. 10. 1996.

Erfolgsaussichten eines Kündigungsschutzverfahrens vorab kundig macht.

Ziel dieses Buches ist es, dem Interessierten eine Orientierungshilfe an die Hand zu geben und ihm Hinweise für seine eigene Problemlösung zu bieten. Das Buch kann und soll anwaltlichen Rat nicht ersetzen; es eignet sich jedoch als äußerst nützliche „erste Hilfe" in arbeitsrechtlichen Notlagen.

      Dr. Angela Hörchens   Ulrich Weber

              Köln, im Oktober 1996

A

Kündigung wegen Krankheit

1. Die Kurzerkrankung

a) Die drei Stufen zur Krankheitskündigung

Die Tage zwischen einem Feiertag und einem Wochenende, der Montag nach einem anstrengenden Wochenende und die Tage nach dem Jahresurlaub gehören zu den Terminen, zu denen viele Arbeitnehmer regelmäßig unter Kurzerkrankungen zu leiden haben. Vor allem kleinere und mittelständische Unternehmen stehen diesem vermuteten „Blaumachen" mit hilfloser Wut gegenüber.
Bereits heute läßt sich sagen, daß durch die Gesetzesänderungen betreffend die um 20 % gekürzte Entgeltfortzahlung im Krankheitsfall bei wahlweisem Verzicht auf einen Tag Urlaub bei jeweils fünf Krankheitstagen die Fehlzeiten von Arbeitnehmern zukünftig abnehmen werden. Andererseits läßt sich aber auch die Feststellung treffen, daß es für einen Arbeitnehmer, der sich ein verlängertes Wochenende gewährt, immer noch günstiger ist, sich von 5 Krankheitstagen einen Tag als Urlaub anrechnen zu lassen, als diesen Tag von vornherein als Urlaubstag zu nehmen. Die Ersparnis für den Arbeitnehmer beträgt genau 1/5. Hieraus läßt sich bereits heute die Schlußfolgerung ziehen, daß häufige Kurzzeiterkrankungen nach wie vor auf der Tagesordnung stehen werden.
Platzt dem Arbeitgeber in einem Fall sich häufender Kurzzeiterkrankungen irgendwann der Kragen, wird eine Kündigung häufig vorschnell ausgesprochen, ohne daß Klarheit besteht, ob diese vor Gericht Bestand haben kann. Die Folge ist meist ein für die Firma hoffnungsloser Kündigungsschutzprozeß.
Um den Prozeßverlust und die triumphale Rückkehr des Gekündigten in den Betrieb zu vermeiden, werden in derartigen Situationen viel zu teure Abfindungsvergleiche geschlossen. Dies ist vermeidbar, denn die Rechtsprechung des BAG bietet den Arbeitgebern ausgezeichnete Chancen, Kündigungen wegen häufi-

ger Kurzerkrankungen von Arbeitnehmern auszusprechen und diese Maßnahmen auch gerichtlich bestätigt zu bekommen.

Drei Hürden muß der Arbeitgeber überwinden, bevor er bei einer erfolgreichen Krankheitskündigung das angestrebte Ziel der Trennung von dem häufig erkrankten Mitarbeiter erreicht:

I.
Zunächst bedarf es einer **negativen Zukunftsprognose** hinsichtlich des zukünftigen Gesundheitszustandes des Arbeitnehmers. Das heißt, es müssen weitere krankheitsbedingte Fehlzeiten des Mitarbeiters zu erwarten sein. Sind dem Arbeitgeber die Ursachen der bisherigen Erkrankungen unbekannt, dann dient allein die Häufigkeit der Kurzerkrankungen in der Vergangenheit als Indiz für die Zukunftsentwicklung.

II.
Im Rahmen des zweiten Prüfungsschrittes ist es notwendig, daß durch die prognostizierten krankheitsbedingten Ausfallzeiten eine **Beeinträchtigung der betrieblichen Belange** vorhersehbar ist. Einen entsprechenden Rückschluß lassen schwerwiegende Störungen im Produktionsprozeß (Betriebsablaufstörungen) und/oder erhebliche wirtschaftliche Belastungen des Arbeitgebers durch hohe Lohnfortzahlungskosten in der Vergangenheit zu.

III.
Als letzter Schritt ist dann eine abschließende **Abwägung der Interessen** der beiden Vertragspartner erforderlich. Hierbei ist – unter Berücksichtigung der Besonderheiten des jeweiligen Einzelfalles zu klären, ob die Beeinträchtigungen vom Arbeitgeber noch hinzunehmen sind oder ob sie ein solches Ausmaß angenommen haben, daß ihm eine Weiterbeschäftigung nicht mehr zuzumuten ist.

zu I.
Wichtigste Grundlage der negativen Zukunftsprognose sind die Fehlzeiten des Arbeitnehmers in der Vergangenheit. Auch wenn das BAG aus rechtsstaatlichen Erwägungen die richterliche Festlegung einer festen, bezifferten Fehlquote abgelehnt hat, ist in der

Vielzahl der BAG-Urteile der letzten Jahre eine klare Linie erkennbar. Überschreiten die Fehlzeiten eine Quote von 15 bis 20 Prozent der jährlichen Arbeitstage, so ist der Arbeitsplatz jedenfalls dann gefährdet, wenn dieser Zustand über mehrere Jahre andauert. In einem Einzelfall haben die Kasseler Richter jedoch bereits eine Fehlquote von 7,2 Prozent in vier Jahren als ausreichend angesehen. Hintergrund war das Arbeitsverhältnis eines Kraftfahrers, der im ärztlichen Notfalldienst tätig war und bei dem aus diesem Grund ein besonderes Bedürfnis des Arbeitgebers anerkannt wurde, mit der Arbeitsfähigkeit des Arbeitnehmers rechnen zu können.

Für die Prognose sind nur die Krankheitszeiten von Bedeutung, die eine Wiederholungsgefahr beinhalten. Fehlzeiten aufgrund ausgeheilter Krankheiten, nach Arbeitsunfällen oder wegen einer Kur spielen insoweit keine Rolle. „Leidet" der Mitarbeiter unter ständig wechselnden Krankheiten, die regelmäßig zu Kurzerkrankungen führen, dann „attestieren" die BAG-Richter ihm einen schlechten Allgemeinzustand und begründen damit die negative Gesundheitsprognose.

Im Rechtsstreit hat der Arbeitgeber hinsichtlich der ersten Hürde seine Schuldigkeit getan, wenn er eine ausreichende Anzahl von Fehltagen vortragen läßt. Nur wenn der Arbeitnehmer daraufhin konkret und unter Befreiung seines behandelnden Arztes von der Schweigepflicht darlegt, daß er in Zukunft gesund und arbeitsfähig sein werde, muß das Arbeitsgericht in die Beweisaufnahme eintreten. Hierbei ist zumindest eine schriftliche Stellungnahme des Arztes einzuholen. Juristisch und pädagogisch hilfreicher ist es, wenn der Arbeitgeber so vorträgt, daß der attestierende Mediziner gemäß § 414 ZPO als sachverständiger Zeuge vor dem Arbeitsgericht erscheinen muß. Ergibt die Beweisaufnahme, daß mit einer baldigen Genesung des Arbeitnehmers zu rechnen ist, entfällt eine negative Zukunftsprognose, und der Prozeß geht für den Arbeitgeber verloren. Anders sofern die negative Zukunftsprognose damit erschüttert wird, daß der Arbeitnehmer sich auf eine Änderung derjenigen Umstände beruft, die er nach Zugang der Kündigung selbst herbeigeführt hat, z. B. eine vom Arbeitnehmer bislang abgelehnte Operation oder Änderung seiner Lebensführung. Diese Umstände können dem Arbeitnehmer nicht mehr helfen.

zu II.

Die zweite Hürde kann der Arbeitgeber auf unterschiedlichen Wegen bewältigen. Die Rechtsprechung akzeptiert es, falls ein Unternehmer die erhebliche Beeinträchtigung seiner betrieblichen Belange *allein* aus der Höhe der erbrachten Lohnfortzahlungskosten herleitet. In diesem Fall müssen die Lohn- oder Gehaltszahlungen für die prognoserelevanten Fehltage aber unbedingt einen Zeitraum von sechs Wochen übersteigen. Dies gilt unabhängig davon, wie stark das Unternehmen in wirtschaftlicher Hinsicht ist. Im Hinblick auf die Gesetzesänderungen im Bereich der Lohnfortzahlung ist davon auszugehen, daß die Rechtsprechung die Meßlatte diesbezüglich in Zukunft noch höher anlegen wird.

Der Arbeitgeber kann eine Beeinträchtigung der betrieblichen Belange auch *allein* auf Störungen im Betriebsablauf stützen, die durch das Fehlen des erkrankten Mitarbeiters verursacht worden sind. Anerkannt werden insoweit allein *schwerwiegende* Störungen im Betriebsablauf. Wählt das Unternehmen diesen Weg, dann muß es konkret vortragen, welcher andere Mitarbeiter nicht nur gelegentlich Überstunden leisten mußte, welche Maschinen für welchen Zeitraum stillstanden, welche Produktionsverluste eingetreten sind oder welche Auswirkungen der „gelbe Urlaubsschein" des einen Arbeitnehmers auf die Arbeitsdisziplin der anderen hatte.

Vorsichtige Arbeitgeber führen im zweiten Prüfungsabschnitt sowohl „Lohnfortzahlungskosten" als auch „Betriebsablaufstörungen" dezidiert auf. Der sorgsame Arbeitgebervortrag zu beiden Bereichen kann die Prozeßaussichten nur verbessern.

zu III.

Als Abschlußhindernis steht der erfolgreichen Kündigung nur noch die *Interessenabwägung* im Wege.

Ein wichtiges Abwägungskriterium zugunsten des Unternehmens ist die Höhe und die Dauer der zukünftig zu erwartenden wirtschaftlichen Last durch den erkrankten Arbeitnehmer. Das Vorhandensein einer Personalreserve kann sich insoweit nur zum Vorteil der Firma auswirken. Bereits die Tatsache des Vorhaltens einer Personalreserve kann die Belastung des Arbeitgebers mit Lohnfortzahlungskosten unzumutbar machen, ohne daß noch weitere, den Betrieb belastende Auswirkungen vorliegen müßten.

Auf der Habenseite des Mitarbeiters ist zu berücksichtigen, ob vor den Erkrankungen eine langjährige fehlzeitenfreie Tätigkeit im Betrieb erfolgt ist. Auch wenn der Mitarbeiter seine Gesundheit im Betrieb verschlissen hat oder betriebliche Umstände (Schleifstaub oder Zugluft) die Krankheit verursacht haben, scheitert die Kündigung an der Interessenabwägung. Hat der Mitarbeiter die Krankheit durch Leichtsinn herbeigeführt, indem er z. B. Sicherheitsbestimmungen mißachtet hat, oder hat er sie durch Alkohol- oder Drogenmißbrauch sogar verschuldet, dann reduziert dies seine Prozeßchancen erheblich. Unterhaltspflichten, Lebensalter und lange Betriebszugehörigkeit sollte der vorsichtige Arbeitgeber ebenfalls in seine Abwägung einbeziehen. Besondere Bedeutung mißt das BAG diesen Kriterien bei der Krankheitskündigung allerdings nicht zu.

Der Ausspruch von Krankheitskündigungen ist mit erheblichem Arbeitsaufwand für jede Personalabteilung verbunden. Jeder einzelne Prüfungsschritt bedarf der **sorgfältigen Untermauerung** mit nachweisbaren Fakten. An der sachgerechten Vorbereitung einer derartigen Maßnahme erkennt man eine gute Personalarbeit und eine qualifizierte Rechtsberatung. Die Auswirkungen einer abfindungsfrei durchgesetzten Krankheitskündigung „beflügeln" die Arbeitsdisziplin im Betrieb über mehrere Jahre.

b) Die Rechtsprechung des BAG – Personalreserve unnötig, doch der Betriebsrat bleibt privilegiert.

Die neueste Rechtsprechung des 2. Senats des BAG hat die Chancen der Unternehmen, gegen häufige Kurzerkrankungen

einzuschreiten, nachhaltig verbessert. In seinem Urteil vom 29. Juli 1993 stellt das BAG zunächst klar, daß die Sozialwidrigkeit einer wegen häufiger Kurzerkrankungen auszusprechenden Kündigung des Arbeitgebers stets in den drei oben angesprochenen Stufen zu prüfen ist. Die Anforderungen an die dreistufige Prüfung werden nachfolgend präzisiert.
Zunächst ist eine negative Gesundheitsprognose erforderlich. Es müssen also zum Zeitpunkt der Kündigung objektive Tatsachen vorliegen, die die Besorgnis weiterer Erkrankungen im bisherigen Umfang rechtfertigen.

Kennt der Arbeitgeber die früheren Kranheitsursachen nicht, dann kann er seine negative Gesundheitsprognose allein auf die Fehlzeiten des Mitarbeiters in der Vergangenheit stützen. Die häufigen Kurzerkrankungen in der Vergangenheit können nämlich für eine entsprechende künftige Entwicklung des Krankheitsbildes sprechen. Dies gilt allerdings dann nicht, wenn die Krankheiten ausgeheilt sind. Bei einer negativen Indizwirkung hat der Arbeitnehmer dann seinerseits darzulegen, weshalb mit einer baldigen und endgültigen Genesung zu rechnen ist. Zum Beweis für die positive ärztliche Bewertung seiner zukünftigen Gesundheitsentwicklung ist er verpflichtet, die behandelnden Ärzte von der Schweigepflicht zu entbinden. Fehlt dem Arbeitsgericht die eigene Sachkunde, die Wiederholungsgefahr zu beurteilen, dann muß entweder ein ärztliches Sachverständigengutachten eingeholt werden, oder es ist der behandelnde Arzt vor Gericht als sachverständiger Zeuge zu vernehmen.
Die prognostizierten Fehlzeiten sind aber nur dann geeignet, eine krankheitsbedingte Kündigung zu rechtfertigen, wenn sie zu einer erheblichen Beeinträchtigung der betrieblichen Interessen führen. Diese Beeinträchtigung ist Teil des Kündigungsgrundes. Sie kann sich einerseits aus konkreten Störungen des betrieblichen Arbeitsablaufes durch die Fehlzeiten ergeben. Andererseits kann die Belastung des Arbeitgebers aber auch allein in den außergewöhnlich hohen Lohnfortzahlungskosten bestehen, wenn hierdurch das Austauschverhältnis auf unbestimmte Zeit ganz erheblich gestört wird. Davon ist auszugehen, wenn für die Zukunft mit

immer neuen, außergewöhnlich hohen Lohnfortzahlungskosten zu rechnen ist, die pro Jahr für einen Zeitraum von mehr als sechs Wochen aufzuwenden sind. Da für diese Form der Betriebsablaufstörung nur auf die Kosten des einzelnen Arbeitsverhältnisses abzustellen ist, spielen Finanzkraft und Personalstärke des Unternehmens insoweit keine Rolle.

In der dritten Prüfungsstufe, der Interessenabwägung, ist dann zu klären, ob die krankheitsbedingten Beeinträchtigungen vom Arbeitgeber billigerweise nicht mehr hingenommen werden müssen. Hierbei ist vor allem zu berücksichtigen, ob die Erkrankungen auf betriebliche Ursachen zurückzuführen sind und ob bzw. wie lange das Arbeitsverhältnis zunächst frei von Fehlzeiten verlaufen ist. Daneben sind auch Alter und Familienstand des Arbeitnehmers von Belang.

Zugunsten des Arbeitgebers ist in der Interessenabwägung von Bedeutung, ob neben den Lohnfortzahlungskosten auch konkrete Betriebsablaufstörungen vorliegen oder ob der Arbeitgeber zusätzlich mit Kosten für eine Personalreserve belastet ist.

Diesbezüglich macht der 2. Senat jedoch nunmehr unmißverständlich deutlich, daß eine Krankheitskündigung auch dann auf außergewöhnlich hohe Lohnfortzahlungskosten gestützt werden kann, wenn das Unternehmen überhaupt keine **Personalreserve** vorhält. Ob eine Firma eine Personalreserve vorhält bzw. auf welchen Prozentsatz sie bemessen wird, stellt eine freie Unternehmensentscheidung dar. Die Arbeitsgerichte sind nicht befugt, diese Entscheidung auf ihre Zweckmäßigkeit zu prüfen, sie sind insoweit auf eine reine Willkürkontrolle beschränkt. Nach Ansicht des BAG würde es einen indirekten Eingriff in die unternehmerische Gestaltungsfreiheit darstellen, wenn man einem Arbeitgeber, der keine Personalreserve vorhält, eine krankheitsbedingte Kündigung aufgrund erheblicher Lohnfortzahlungskosten verwehren wollte. Es muß in der Kompetenz des Unternehmens bleiben, darüber zu befinden, ob krankheitsbedingte Ausfälle durch Überstunden, Aushilfskräfte oder durch eine Personalreserve aufgefangen werden. Deshalb kann auch der Arbeitgeber, der keinerlei Personalreserve vorhält, bei Vorliegen der anderen Kündigungsvoraussetzungen krankheitsbedingt kündigen.

Schwierig wird die Situation für den Arbeitgeber allerdings dann, wenn er gegen häufige Kurzerkrankungen von **Mitgliedern des Betriebsrates** einschreiten will. Aufgrund des in § 15 KSchG geregelten Sonderkündigungsschutzes für diesen Arbeitnehmerkreis kommt eine Kündigung nur in Frage, wenn Tatsachen vorliegen, die den Arbeitgeber zur Kündigung aus wichtigem Grund ohne Einhaltung einer Kündigungsfrist berechtigen. Krankheit ist zwar als wichtiger Grund nicht generell zur fristlosen Kündigung ungeeignet, da aber schon an eine ordentliche Kündigung wegen Erkrankung eines Arbeitnehmers ein strenger Maßstab anzulegen ist, kommt eine außerordentliche Kündigung nur in eng zu begrenzenden Ausnahmefällen in Betracht.

Anders als bei den tarifvertraglich unkündbaren Mitarbeitern lehnt das BAG bei Betriebsräten eine außerordentliche Kündigung mit einer **sozialen Auslauffrist** ab. Wegen des Wortlauts des § 15 KSchG, der eine Kündigung nur „aus wichtigem Grund ohne Einhaltung einer Kündigungsfrist" für zulässig erklärt, verweigert der Senat eine Erleichterung der Kündigung von Betriebsräten. Faktisch führt dies zu einer Bevorzugung der Betriebsratsmitglieder gegenüber allen anderen Arbeitnehmern. Da das Gesetz hier dem BAG jedoch keinen Spielraum läßt, ist der Gesetzgeber gefordert.

c) Checkliste zur erfolgreichen Kündigung wegen häufiger Kurzzeiterkrankungen

I. Die negative Gesundheitsprognose

1. Liegen für die letzten 2–3 Jahre krankheitsbedingte Fehlzeiten in erheblichem Umfang vor und handelt es sich hierbei um häufige Kurzerkrankungen?

- Dazu das BAG:
  „Häufige Kurzerkrankungen in der Vergangenheit können für ein entsprechendes Erscheinungsbild in der Zukunft sprechen."

2. Liegen im Prüfungszeitraum Ausfalltage von ca. 15 Prozent vor?

▶ Dazu das BAG:
„Der Senat lehnt mangels einer entsprechenden Festlegung des Gesetzgebers die Angabe eines konkreten Zeitrahmens ab."

In einem Ausnahmefall hat das BAG eine Ausfallquote von 7,2 Prozent über 4 Jahre hinweg als prognoserelevant angesehen. In der Regel ist die Negativprognose aber nur bestätigt worden, wenn ein Grenzwert von 15 Prozent überschritten war.

3. Sind dem Arbeitgeber die Krankheitsursachen unbekannt?

▶ Dazu das BAG:
„Kennt der Arbeitgeber die Krankheitsursachen nicht, dann darf er sich zunächst darauf beschränken, die Indizwirkung entfaltenden Fehlzeiten in der Vergangenheit darzulegen."

4. Hat es der Arbeitnehmer im Prozeß versäumt, seine gesundheitliche Entwicklung positiv darzustellen?

▶ Dazu das BAG:
„Der Arbeitnehmer muß gemäß § 138 Absatz 2 ZPO dartun, weshalb mit einer baldigen Genesung zu rechnen sei. Dazu muß er die behandelnden Ärzte von der Schweigepflicht befreien und vortragen, die Ärzte hätten die künftige gesundheitliche Entwicklung ihm gegenüber positiv beurteilt."

5. Ist der Arbeitnehmer bei dem Versuch gescheitert, konkrete Umstände für die Verbesserung seines Gesundheitszustandes vorzutragen?

▶ Dazu das BAG:
„Trägt der Arbeitnehmer selbst konkrete Umstände für seine Beschwerden und deren Ausheilung oder Abklingen vor, so müssen diese geeignet sein, die Indizwirkung der bisherigen Fehlzeiten zu erschüttern. Wird behauptet, die Krankheiten

beruhen nicht auf *einem* Grundleiden, dann sagt die Art der einzelnen Erkrankung nichts darüber, daß künftig keine weiteren ständigen Erkrankungen zu befürchten seien. Die Annahme einer erhöhten Krankheitsanfälligkeit wird nicht dadurch ausgeschlossen, daß die Erkrankungen nicht auf ein Grundleiden, sondern auf zwar unterschiedliche, aber nicht einmalige Ursachen zurückzuführen sind."

6. Ist die Prognose auch nach Vernehmung des Arztes im Prozeß unerschüttert geblieben?

▶ Dazu das BAG:
„Zur Klärung der Frage, ob die Indizwirkung der Fehlzeiten erschüttert ist, wird es regelmäßig erforderlich sein, den behandelnden Arzt als sachverständigen Zeugen (§ 414 ZPO) zu vernehmen, oder von ihm nach § 377 ZPO eine schriftliche Zeugenaussage einzuholen."

Bleiben nach der Beweisaufnahme ernsthafte Zweifel am Vorliegen einer negativen Zukunftsprognose bestehen, gehen diese zu Lasten des Arbeitgebers.

7. Sind die festgestellten Krankheiten zur Rechtfertigung der Prognose geeignet, und handelt es sich nicht um einzelne Unfälle oder ausgeheilte Erkrankungen?

▶ Dazu das BAG:
„Zwar stellt ein Unfall normalerweise ein einmaliges Ereignis dar, von dem nach der Lebenserfahrung nicht auf eine Wiederholung geschlossen werden kann. Jedoch kann aus der Häufigkeit der auf Unfall beruhenden Fehlzeiten, besonders wenn sie auf regelmäßiger oder häufiger Sportausübung oder bestimmten anderen Freizeitaktivitäten beruhen, im Rahmen des tatrichterlichen Ermessens nach § 286 ZPO auch geschlossen werden, daß der Arbeitnehmer für diese Aktivitäten entweder besonders verletzungsanfällig oder bei ihrer Ausübung besonders unvorsichtig gewesen ist."

8. Sind etwaige Verbesserungen im gesundheitlichen Befinden des Mitarbeiters erst nach Zugang der Kündigung eingetreten und spielen sie deshalb für die Prognose keine Rolle mehr?

▶ Dazu das BAG:
„Die tatsächliche Entwicklung nach Kündigungsausspruch kann dann nicht berücksichtigt werden, wenn sie auf einem neuen Kausalverlauf beruht, der erst nach dem Kündigungszeitpunkt eingetreten ist. Der neue Kausalverlauf kann durch subjektiv vom Arbeitnehmer beeinflußbare Umstände ausgelöst werden, wie z. B. durch eine nach Kündigungsausspruch durchgeführte und zuvor vom Arbeitnehmer abgelehnte Operation oder Therapie sowie durch eine Änderung der bisherigen Lebensführung, oder durch außerhalb seines Einflußbereichs liegende Umstände, wie z. B. durch die Anwendung eines schon bekannten vom behandelnden Arzt bisher nicht erwogenen Heilmittels bzw. die Entwicklung einer neuen Heilmethode.
Maßgebender Zeitpunkt für die Beurteilung der sozialen Rechtfertigung der Kündigung ist ihr Zugang beim Gekündigten. Dies gilt grundsätzlich auch für die bei einer krankheitsbedingten Kündigung anzustellende Gesundheitsprognose."

Zu berücksichtigen ist die nachträgliche Korrektur einer Diagnose oder Prognose jedoch dann, wenn die zugrundeliegenden Umstände bei Zugang der Kündigung bereits vorlagen, aber zunächst nicht vollständig oder falsch ausgewertet wurden.

II. Die erhebliche Beeinträchtigung betrieblicher Interessen

9. Hat der Arbeitgeber alle Möglichkeiten einer Versetzung des Betroffenen auf einen anderen freien Arbeitsplatz vergeblich geprüft?

▶ Dazu das BAG:
„Besteht die Möglichkeit der Umsetzung auf einen anderen *freien* Arbeitsplatz, auf dem keine betrieblichen Beeinträchti-

gungen mehr zu erwarten sind, dann führt die Krankheit nicht zu einer erheblichen Störung der betrieblichen Belange."

10. Sind Lohnfortzahlungskosten angefallen, die jährlich für einen Zeitraum von mehr als 6 Wochen aufzuwenden waren, und/oder haben die wiederholten kurzfristigen Ausfallzeiten des Mitarbeiters zu konkreten Betriebsablaufstörungen geführt?

▶ Dazu das BAG:
„Als Kündigungsgrund kann auch eine erhebliche wirtschaftliche Belastung des Arbeitgebers geeignet sein. Davon ist auch auszugehen, wenn für die Zukunft mit immer neuen, außergewöhnlich hohen Lohnfortzahlungskosten zu rechnen ist, die jährlich für einen Zeitraum von mehr als sechs Wochen aufzuwenden sind. Als Betriebsablaufstörungen kommen Stillstand von Maschinen, Rückgang der Produktion wegen erst einzuarbeitenden Ersatzpersonals, aber auch Überlastung der verbliebenen Mitarbeiter oder Abzug von an sich benötigten Arbeitskräften aus anderen Bereichen in Betracht.
Ob der gesetzliche Mindestzeitrahmen von sechs Wochen im Jahr für die Lohnfortzahlungspflicht im Krankheitsfall überschritten worden ist, ist für die Frage der Betriebsablaufstörungen nicht entscheidend. Diese zeitliche Mindestgrenze gilt nur für die wirtschaftliche Belastung durch Lohnfortzahlungskosten."

11. Ist der Arbeitgeber, der nur auf die Höhe der Lohnfortzahlungskosten abstellt, sicher, daß während aller Lohnfortzahlungszeiträume prognoserelevante Krankheiten vorlagen?

▶ Dazu das BAG:
„Es können nur die Lohnfortzahlungskosten berücksichtigt werden, die auf die auch in Zukunft zu erwartenden, im Rahmen der negativen Gesundheitsprognose ermittelten Ausfallzeiten entfallen. Danach haben die Kosten außer Betracht zu bleiben, die die Beklagte für einmalige Erkrankungen, deren Wiederholung nicht zu besorgen ist, in der Vergangenheit aufgewendet hat.

Für die Prognose der zu erwartenden wirtschaftlichen Belastung müssen ferner die Ausfallzeiten unberücksichtigt bleiben, für die keine Lohnfortzahlungspflicht mehr besteht, weil die einzelne Krankheit den Zeitraum von sechs Wochen überschritten hat, für den nach den gesetzlichen Vorschriften das Arbeitsentgelt fortzuzahlen ist. Denn dieser Zeitraum ist für die wirtschaftliche Belastung des Arbeitgebers mit Lohnfortzahlungskosten irrelevant."

12. Sind die Betriebsablaufstörungen unvermeidbar und erheblich?

▶ Dazu das BAG:
„Störungen sind nur dann als Kündigungsgrund geeignet, wenn sie nicht durch mögliche Überbrückungsmaßnahmen vermieden werden können. Hierzu gehören Maßnahmen, die anläßlich des konkreten Ausfalls eines Arbeitnehmers ergriffen werden, wie die Neueinstellung einer Aushilfskraft, aber auch der Einsatz eines Arbeitnehmers aus einer vorgehaltenen Personalreserve. Können und werden auf diese Weise Ausfälle überbrückt, so liegt bereits objektiv keine Betriebsablaufstörung und damit *insoweit* kein zur sozialen Rechtfertigung geeigneter Grund vor. Ist eine Betriebsablaufstörung mit den geschilderten Mitteln nicht zu vermeiden, so gehört zum Kündigungsgrund, daß die Störung erheblich ist."

III. Die Interessenabwägung

13. Waren die Lohnfortzahlungskosten außergewöhnlich bzw. extrem hoch?

▶ Dazu das BAG:
„Die Lohnfortzahlungskosten müssen ‚außergewöhnlich' bzw. ‚extrem' hoch sein, um allein die weitere Beschäftigung des Arbeitnehmers unzumutbar machen zu können. Jeder quantifizierbaren Betrachtungsweise erteilt der Senat allerdings eine Absage.

Einzelfälle:
- Die Präzisierung des Begriffs der Erheblichkeit auf einen festen Grenzwert von 25 Prozent über die für sechs Wochen zu leistende Lohnfortzahlung wurde abgelehnt.
- Die die Sechs-Wochen-Grenze um 15 Tage (= 50 Prozent, insgesamt also 45 Tage) überschreitende Lohnfortzahlung ist erheblich.
- Prognostizierte Lohnfortzahlungskosten von 60 Arbeitstagen im Jahr (das Doppelte des Sechs-Wochen-Zeitraums) sind außergewöhnlich hoch."

14. Traten die Störungen im Arbeitsablauf ein, obwohl das Unternehmen eine Personalreserve vorhielt?

▶ Dazu das BAG:

„Zugunsten des Arbeitgebers ist zu berücksichtigen, wenn er eine Personalreserve vorhält, weil er erhebliche Kosten aufwendet, um eine bestimmte, auf Erfahrungswerten beruhende Fehlquote abzudecken.

Das Vorhalten einer Personalreserve stellt deshalb im Bereich der wirtschaftlichen Belastung des Betriebes einen zusätzlichen Umstand dar, der die Belastung des Arbeitgebers mit Lohnfortzahlungskosten unzumutbar machen kann, ohne daß daneben noch Betriebsablaufstörungen oder weitere den Betrieb belastende Auswirkungen vorliegen müssen.

Das Fehlen einer Personalreserve hat hingegen nicht bereits zur Folge, daß die Kündigung nicht allein auf die wirtschaftliche Belastung wegen Lohnfortzahlung gestützt werden könnte."

15. Ist die Ursache der Erkrankungen nicht auf betriebliche Umstände zurückzuführen?

▶ Dazu das BAG:

„Bei der Interessenabwägung ist insbesondere zu berücksichtigen, ob die Erkrankungen des Arbeitnehmers auf betriebliche Ursachen zurückzuführen sind.

Der Arbeitgeber trägt die Darlegungs- und Beweislast dafür,

daß ein solcher vom Arbeitnehmer behaupteter ursächlicher Zusammenhang nicht besteht. Weist der Arbeitnehmer eine ‚negative gesundheitliche Disposition' auf und kommt daneben ein betrieblicher Umstand nur als einer von mehreren zusätzlichen Faktoren für akute Erkrankungen in Betracht, dann liegt es im tatrichterlichen Beurteilungsspielraum, im konkreten Fall bei der Interessenabwägung der betrieblichen Verursachung bei der Berücksichtigung der Gesamtumstände keine zu Ungunsten des Arbeitgebers ausschlaggebende Bedeutung beizumessen."

16. Hat das Arbeitsverhältnis bereits in der Vergangenheit keinen störungsfreien Verlauf genommen?

Je länger das Arbeitsverhältnis ungestört bestanden hat, desto mehr Rücksichtnahme ist vom Arbeitgeber zu erwarten.

Zugunsten des Arbeitgebers wird gewertet, daß das Arbeitsverhältnis von Beginn an mit erheblichen krankheitsbedingten und Lohnfortzahlungskosten auslösenden Ausfallzeiten belastet war. Ein ungestörter Verlauf des Arbeitsverhältnisses liegt nicht schon dann vor, wenn der Arbeitnehmer im Jahr nicht länger als sechs Wochen arbeitsunfähig krank gewesen ist.

Im Rahmen der Interessenabwägung ist insoweit auch die gesamte tatsächliche bisherige Belastung mit Lohnfortzahlungskosten ohne Rücksicht darauf zu berücksichtigen, inwieweit sie für Ausfallzeiten aufgewendet wurden, die auf einmaligen und deshalb nicht für eine Prognose geeigneten Erkrankungen beruhen. Selbst Kosten für Ausfallzeiten, die unter der vom Arbeitgeber hinzunehmenden Mindestgrenze von sechs Wochen pro Jahr liegen, sind bei der Interessenabwägung für die Beantwortung der Frage einzubeziehen, inwieweit das Arbeitsverhältnis störungsfrei verlaufen ist.

17. Haben die Fehlzeiten des Mitarbeiters die Ausfallquote vergleichbarer Arbeitnehmer überstiegen?

Für die Frage, wann Lohnfortzahlungskosten eine Kündigung rechtfertigen, ist auch ein Vergleich mit Arbeitnehmern, die eine vergleichbare Arbeit unter ähnlichen Bedingungen verrichten, erheblich.

Eine Massierung von gestörten Arbeitsverhältnissen in einem bestimmten betrieblichen Bereich erleichtert dem Arbeitgeber eine krankheitsbedingte Kündigung nicht.

Ist auch bei den Kollegen mit vergleichbaren Tätigkeiten die Quote der krankheitsbedingten Ausfälle besonders hoch (Gruppenvergleich), dann kann nur eine ganz erheblich höhere Ausfallquote des Entlassenen die Kündigung rechtfertigen.

18. Hat der Arbeitnehmer die Krankheit verschuldet?

Im Rahmen der Interessenabwägung kann auch die Ursache und das Verschulden an der Krankheit berücksichtigt werden.

Dementsprechend ist auch bei der Kündigung wegen Alkoholsucht die Frage des Verschuldens der Alkoholabhängigkeit im Rahmen der Interessenabwägung beachtlich.

Grundsätzlich hängt die Rechtmäßigkeit einer krankheitsbedingten Kündigung aber nicht davon ab, ob der Arbeitnehmer die Krankheit schuldhaft herbeigeführt hat.

19. Ist der Arbeitnehmer noch relativ jung und hat er noch eine lange Beschäftigungszeit vor sich?

Ist mit Ausfallzeiten im bisherigen Umfang aufgrund der negativen Gesundheitsprognose auf nicht absehbare Zeit zu rechnen, so ist auch die zu erwartende Belastung mit entsprechenden Lohnfortzahlungskosten um so höher, je jünger der Arbeitnehmer ist.

Dem Alter kommt daher für die Beurteilung der Zumutbarkeit der zukünftigen wirtschaftlichen Belastung des Arbeitgebers eine wesentliche Bedeutung zu.

20. Hat das Unternehmen eine abschließende Einzelfallabwägung vorgenommen?

Die Berücksichtigung von Unterhaltspflichten erfolgt innerhalb der Einzelfallabwägung zugunsten des Arbeitnehmers. Außerdem sind schlechte Aussichten auf dem Arbeitsmarkt zugunsten des Arbeitnehmers zu werten.

Arbeitgeber, die alle 20 vorstehenden Fragen bejahen können, können davon ausgehen, daß sie im Prozeß um die Krankheitskündigung auf der richtigen Seite sein werden.

2. Die Langzeiterkrankung

Massive Kurskorrektur des BAG bei Langzeiterkrankungen: ungewisse Genesung eröffnet Kündigungsmöglichkeit; selbst Unkündbaren darf gekündigt werden

Gerade in Zeiten, die von wirtschaftlichen Problemen und von erheblichem Arbeitsplatzabbau geprägt waren, fehlte in der Vergangenheit nicht nur Arbeitgebern jedes Verständnis dafür, daß gesunde leistungsbereite Arbeitnehmer anläßlich betriebsbedingter Kündigungen aufgrund der Sozialauswahl entlassen werden mußten, während die Arbeitsverhältnisse von ständig arbeitsunfähigen Mitarbeitern aufrechterhalten bleiben mußten. Auch viele Arbeitnehmer und Betriebsräte konnten diese Rechtsprechung der Arbeitsgerichte nicht nachvollziehen.

Nunmehr hat das Bundesarbeitsgericht in zwei aktuellen Urteilen die Position der Unternehmen beim Ausspruch von Krankheitskündigungen erheblich verbessert. Eine schnelle Umsetzung der Aussagen dieser Entscheidungen wird vielen Firmen die Chance bieten, auf etliche betriebsbedingte Kündigungen einsatzfähiger Mitarbeiter zu verzichten und stattdessen Arbeitnehmer zu entlassen, die dem Produktionsbetrieb wegen Krankheit entweder überhaupt nicht mehr oder nur zeitweise zur Verfügung stehen.

Bereits seit geraumer Zeit unterscheiden die obersten Arbeitsrichter in Kassel bei der Kündigung wegen Krankheit des Arbeitnehmers zwischen folgenden Kündigungsformen:

1. der Kündigung wegen häufiger Kurzerkrankungen;

2. der Kündigung wegen langandauernder Arbeitsunfähigkeit (Langzeiterkrankung);

3. der Kündigung wegen krankheitsbedingten dauernden Unvermögens, die vertraglich geschuldete Arbeitsleistung zu erbringen;

4. der Kündigung wegen erheblicher krankheitsbedingter Leistungsminderung.

Für alle Arten der Krankheitskündigung gilt, daß sie in 3 Stufen auf ihre Rechtmäßigkeit zu prüfen sind. Hierbei finden Kriterien Anwendung, die in ihrer Struktur stets gleich sind.

- Zunächst ist immer eine negative Prognose hinsichtlich des Gesundheitszustandes des Arbeitnehmers erforderlich.

- Daneben müssen die bisherigen und nach der Prognose zu erwartenden Fehlzeiten des Mitarbeiters zu einer erheblichen Beeinträchtigung der betrieblichen Interessen führen. Dies kann durch Störungen im Betriebsablauf oder durch wirtschaftliche Belastungen mit Lohnfortzahlungskosten geschehen.

- Außerdem ist in der dritten Stufe, bei der Interessenabwägung zu klären, ob die erheblichen betrieblichen Beeinträchtigungen zu einer billigerweise nicht mehr hinzunehmenden Belastung des Arbeitgebers führen. Die dauernde Leistungsunfähigkeit des Arbeitnehmers stellt dabei grundsätzlich eine nicht mehr tragbare betriebliche Beeinträchtigung dar.

Bei der langandauernden Arbeitsunfähigkeit eines Mitarbeiters ist regelmäßig mit einer Wiederherstellung der Leistungsfähigkeit des Betroffenen in absehbarer Zeit nicht zu rechnen. Von einer negativen Gesundheitsprognose ist in derartigen Fällen nahezu ausnahmslos auszugehen.
Schwierigkeiten bot die Kündigung wegen Langzeiterkrankung bisher in der zweiten Prüfungsstufe. Störungen im Arbeitsablauf sind in dieser Situation meist nicht nachweisbar. Lohnfortzahlungen in einem Umfang, der 6 Wochen überschreitet, fallen bei Mitarbeitern, die nur noch Krankenkassenleistungen beziehen, nur noch selten an. In Anbetracht dieser Problematik haben in der Vergangenheit viele Firmen auf die entsprechenden Kündigungen verzichtet, oder sie sind vor Gericht beim zweiten Prüfungskriterium gescheitert. Hier hat der 2. Senat des BAG endlich Abhilfe geschaffen. Im Urteil vom 21. 5. 1992 macht das Gericht

deutlich, daß eine langanhaltende Krankheit, hier waren es 1 1/2 Jahre, eine Kündigung ohne Rücksicht auf zusätzliche wirtschaftliche Belastungen des Arbeitgebers zu rechtfertigen vermag. Ist im Zeitpunkt der Kündigung die Wiederherstellung der Arbeitsfähigkeit völlig ungewiß und hat die Krankheit bereits längere Zeit angedauert, dann kann das Unternehmen das Arbeitsverhältnis beenden. Die Ungewißheit über die Dauer der Erkrankung steht nunmehr der feststehenden dauernden Arbeitsunfähigkeit gleich.

Beim dauernden Unvermögen hat das BAG bereits mehrfach entschieden, daß jedenfalls dann, wenn ein Arbeitnehmer in Zukunft die geschuldete Arbeitsleistung überhaupt nicht mehr erbringen kann, schon deshalb das Arbeitsverhältnis auf Dauer ganz erheblich gestört ist. Die betriebliche Beeinträchtigung besteht dann darin, daß der Arbeitgeber dauerhaft damit rechnen muß, daß der Mitarbeiter seine Tätigkeit faktisch nicht mehr ausüben werde. Damit wird das Unternehmen auf unabsehbare Zeit gehindert, sein Direktionsrecht wahrzunehmen und den Mitarbeiter im Rahmen der unternehmerischen Planung zu beschäftigen. Eine konkrete eigene Tätigkeit des Betroffenen ist ebensowenig planbar wie der Einsatz von Vertretungskräften. Selbst der befristeten Beschäftigung von Aushilfskräften sind angesichts der Beschränkung solcher Vertragsverhältnisse auf 18 Monate gemäß § 1 Beschäftigungsförderungsgesetz enge Grenzen gesetzt. Dem dauernden, gesundheitsbedingten Unvermögen, die geschuldete Arbeitsleistung zu erbringen, ist nach der neuesten Rechtsprechung des BAG die Ungewißheit, wann der Arbeitnehmer hierzu wieder in der Lage sein wird, gleichzustellen, wenn zum Zeitpunkt des Ausspruchs der Kündigung die Wiederherstellung der Arbeitsfähigkeit völlig ungewiß ist. Der Arbeitgeber ist in dieser Situation nach Ansicht des BAG in einer dem Fall der feststehenden Leistungsunfähigkeit vergleichbaren Lage.

Konsequenz aus dieser neuen Position der Arbeitsgerichtsbarkeit ist, daß ein Unternehmen ohne Vorliegen von hohen Lohnfortzahlungskosten oder konkreten Störungen im Arbeitsablauf kündigen darf, falls die weitere Krankheitsdauer eines Langzeitkranken völlig ungewiß ist oder dessen Genesung überhaupt nicht absehbar ist.

Konkret bedeutet dies: Ist aufgrund eines ärztlichen Krankheitsbefundes eine negative Gesundheitsprognose gerechtfertigt, ist es Sache des Arbeitnehmers, diese Prognose zu erschüttern und substantiiert vorzutragen, inwiefern aufgrund der derzeitigen ärztlichen Behandlungsweise seine alsbaldige Wiederherstellung der Arbeitsfähigkeit für die vertragsgemäß geschuldete Arbeit zu erwarten ist. Der allgemeine Vortrag, es bestehe bei der derzeitigen Behandlung eine konkrete Heilungschance, genügt insoweit nicht.

Auch in der Interessenabwägung sind die Chancen des Arbeitnehmers in diesem Fall gering. Nur bei Vorliegen einer besonderen Schutzbedürftigkeit des Mitarbeiters hält der 2. Senat es für denkbar, daß der Arbeitgeber trotz der erheblichen Störung des Arbeitsverhältnisses dessen Fortsetzung doch noch weiter hinnehmen muß. In Betracht käme insoweit z. B. ein hohes Lebensalter des Betroffenen und eine zuvor extrem lange Dauer eines völlig ungestörten Bestandes des Arbeitsverhältnisses. Ansonsten überwiegt das Beendigungsinteresse des Unternehmens.

In einer weiteren Entscheidung vom 9. September 1992 erachtet das BAG sogar die krankheitsbedingte Kündigung eines Arbeitnehmers als zulässig, der aufgrund tarifvertraglicher Regelungen ordentlich nicht mehr zu kündigen war. Den Firmen steht in dieser Situation das Recht zu, eine außerordentliche Kündigung wegen Krankheit auszusprechen.

Auch in diesem Fall ist die Prüfung nach den üblichen 3 Prüfungsstufen durchzuführen. Sind zukünftig krankheitsbedingte Fehlzeiten in erheblichem Ausmaß zu erwarten und liegt eine nachhaltige Beeinträchtigung betrieblicher Belange vor, z. B. durch extrem hohe Lohnfortzahlungskosten, so reicht dies für die ersten beiden Prüfungsstufen als Arbeitgebervortrag aus.

In der Interessenabwägung ist allerdings der besondere Maßstab des § 626 BGB zu beachten. Danach muß die Fortsetzung des Arbeitsverhältnisses unter Berücksichtigung aller Umstände bis zum Ablauf der Kündigungsfrist bzw. bis zum sonst maßgeblichen

Ende des Vertragsverhältnisses unzumutbar sein. Bei dieser Prüfung ist auf die tatsächliche künftige Vertragsbindung, d. h. beim unkündbaren Mitarbeiter in der Regel auf die Zeit bis zu seinem 65. Lebensjahr abzustellen. Muß danach das Unternehmen erwarten, daß es noch lange Zeit Vergütung entrichten muß, ohne dafür vom Arbeitnehmer eine wirtschaftlich brauchbare Gegenleistung zu erhalten, ist die außerordentliche Krankheitskündigung grundsätzlich gerechtfertigt.

Damit der Arbeitnehmer durch die tarifvertragliche Unkündbarkeit nicht schlechter gestellt wird als der ordentlich kündbare Kollege, kann die außerordentliche Kündigung jedoch nicht fristlos ausgesprochen werden. Es ist vielmehr eine soziale Auslauffrist zu wählen, die der längsten tariflichen ordentlichen Kündigungsfrist entspricht. In der Regel werden dies 6 Monate sein.

Das BAG hat in einer weiteren Entscheidung vom 12. 7. 1995 die Position des Unternehmers in bezug auf die Einhaltung der 2-Wochen-Frist des § 626 Abs. 2 BGB gestärkt. Als ausreichend für die Einhaltung der Frist sieht das BAG es an, daß der Zustand der Arbeitsunfähigkeit in den letzten 2 Wochen vor Ausspruch der Kündigung angehalten hat.

Fazit:
Die neue Entwicklung der BAG-Rechtsprechung zur Krankheitskündigung ist für die Betroffenen – in der Regel schwerkranke Mitarbeiter – nicht ohne Härte. Im Interesse der Handlungsfähigkeit der Betriebe ist sie trotzdem zu begrüßen.

3. Die Kündigung bei krankheitsbedingter Leistungsminderung

Drei Prüfungspunkte für Personalchefs

Die Krankheit eines Arbeitnehmers kann als Hauptfall der personenbedingten Kündigung die einseitige Beendigung eines Arbeitsverhältnisses durch den Arbeitgeber rechtfertigen. Das Bundesarbeitsgericht unterscheidet hierbei grundsätzlich zwischen der Kündigung wegen häufiger Kurzerkrankungen, der Kündigung aufgrund langanhaltender Arbeitsunfähigkeit (Langzeiterkrankung) und der Kündigung wegen dauernder Unmöglichkeit, die vertraglich geschuldete Arbeitsleistung zu erbringen (dauernde Arbeitsunfähigkeit). Für diese drei Kernbereiche der Krankheitskündigung ist typisch, daß das Vertragsverhältnis durch andauernden oder regelmäßig sich wiederholenden *vollständigen* Wegfall der Arbeitsleistung gestört wird. Die Berechtigung einer Kündigung durch den Arbeitgeber ist in diesen Fällen nach der ständigen Rechtsprechung des 2. Senats des BAG in drei Stufen zu überprüfen:

1. Nachweis einer negativen Gesundheitsprognose;
2. zukünftige erhebliche Beeinträchtigung betrieblicher (Betriebsablaufstörungen) oder wirtschaftlicher (Lohnfortzahlungskosten) Belange des Arbeitgebers infolge der Fehlzeiten;
3. Interessenabwägung.

Demgegenüber liegt in dem vierten Fall, nämlich dem der Kündigung wegen **krankheitsbedingter Minderleistungen,** die Leistungsstörung darin, daß der Mitarbeiter zwar regelmäßig an seinem Arbeitsplatz anzutreffen ist, jedoch qualitativ und quantitativ nicht die vertraglich geschuldete Arbeitsleistung erbringt. Auch im Fall der krankheitsbedingten Leistungsminderung bleibt die Struktur der Überprüfung ungeachtet des Unterschieds zu den übrigen Fallgruppen erhalten.

Zunächst ist eine negative Prognose bezüglich des voraussichtlichen Gesundheitszustandes des Mitarbeiters erforderlich. Es muß also aufgrund objektiver Tatsachen damit zu rechnen sein, daß der Arbeitnehmer auch in Zukunft wiederholt in seinem Leistungsvermögen nachhaltig beeinträchtigt sein wird. Bei chronischen Erkrankungen (Rheumatismus) oder nicht heilbaren Krankheiten (Alkoholismus bei Verweigerung einer Entziehungskur) folgt die negative Gesundheitsprognose schon aus der Art des Gesundheitsschadens.

In der zweiten Prüfungsstufe bedarf es der Feststellung, daß die bisherigen und nach der Prognose zu erwartenden Auswirkungen des Gesundheitszustandes des Arbeitnehmers zu einer erheblichen Beeinträchtigung der betrieblichen Interessen führen. Hier ergeben sich für die Kündigung wegen Minderleistung Unterschiede gegenüber der Kündigung wegen häufiger Kurzerkrankungen. Im letzteren Falle können Störungen im Betriebsablauf oder wirtschaftliche Belastungen mit Lohnfortzahlungskosten hervorgerufen werden. Bei einer eingeschränkten Leistungsfähigkeit des Arbeitnehmers wird dagegen in erster Linie eine wirtschaftliche Belastung des Arbeitgebers eintreten, weil der Arbeitnehmer im Leistungslohn nicht mehr eingesetzt werden kann und der Zahlung des vollen Zeitlohns keine nach betriebswirtschaftlichen und arbeitswissenschaftlichen Grundsätzen ausgerichtete adäquate Arbeitsleistung gegenübersteht. Da die Beeinträchtigung der betrieblichen Interessen erheblich sein muß, genügt hierfür nicht jede geringfügige Minderleistung.

Erbringt der Arbeitnehmer jedoch nur noch eine Arbeitsleistung von zwei Drittel der Normalleistung, d. h. der durchschnittlichen Leistung seiner vergleichbaren Kollegen, dann ist das Leistungsgleichgewicht erheblich gestört. Geschieht dies über eine gewisse Dauer und ist auch in Zukunft keine Besserung zu erwarten, dann bezieht der betroffene Mitarbeiter die volle Vergütung, obwohl er für ein Drittel des Zeitlohns dem Arbeitgeber keine Gegenleistung bietet. Falls in einer derartigen Situation auch kein anderer *freier* Arbeitsplatz im Betrieb vorhanden ist, auf dem der Mitarbeiter eine hundertprozentige Leistung bewältigen kann, dann ist eine

Kündigung im Rahmen der zweiten Prüfungsstufe nicht zu beanstanden.

Im Rahmen der notwendigen Interessenabwägung, dem dritten Prüfungsabschnitt, ist dann nur noch zu klären, ob der Arbeitgeber die Beeinträchtigungen durch die zukünftig zu erwartenden Minderleistungen des Mitarbeiters billigerweise weiter hinnehmen muß. Hierbei sind die Ursachen der Erkrankungen, der bisherige Verlauf des Arbeitsverhältnisses, die Dauer der Betriebszugehörigkeit und das Lebensalter des Arbeitnehmers auf die Waagschale zu legen. Je nach Ausgestaltung der einzelnen Gesichtspunkte neigt sich die Waage in der gerichtlichen Prüfung zur einen oder zur anderen Seite.

Im Urteil vom 26. 9. 1991 hat das BAG die Kündigung gegenüber einer Arbeitnehmerin bestätigt, die über Jahre hinweg krankheitsbedingt nur noch zwei Drittel der Leistungen erbracht hatte. Selbst die Schwerbehinderteneigenschaft vermochte in diesem Fall den Arbeitsplatz der Frau nicht zu retten.

Mit Urteil vom 12. 7. 1995 hat das BAG einer Übertragung der beschriebenen Grundsätze auch auf die außerordentliche Kündigung eine Absage erteilt. Nach Ansicht des BAG stellt die krankheitsbedingte Minderung der Leistungsfähigkeit des Arbeitnehmers grundsätzlich keinen wichtigen Grund für eine außerordentliche Kündigung dar, insbesondere dann nicht, wenn die Unkündbarkeit tarifvertraglich mit Erreichen eines bestimmten Alters einsetzt. In diesen Fällen ist es dem Arbeitgeber regelmäßig zumutbar, einen krankheitsbedingten Leistungsabfall des Arbeitnehmers durch andere Maßnahmen, wie die Umsetzung oder Änderung der Aufgabenverteilung auszugleichen. Das ultimaratio-Prinzip verbietet in diesen Fällen eine außerordentliche Kündigung.

4. Der Nachweis der Erkrankung

Bundesarbeitsgericht betont hohen Beweiswert des ärztlichen Attestes

Die ärztliche Arbeitsunfähigkeitsbescheinigung – meist auf gelbem Vordruck ausgestellt – wird von vielen Personalverantwortlichen seit langem ironisch als „gelber Urlaubsschein" tituliert. Schon diese Bezeichnung verdeutlicht das tiefe Mißtrauen der Arbeitgeber gegen die durch häufigen Mißbrauch in Mißkredit geratene „Krankschreibungspraxis" etlicher Mediziner. Solange der Arbeitnehmer es vermeidet, eine jährliche krankheitsbedingte Fehlzeitenquote von etwa 15 Prozent zu überschreiten, tut sich der Arbeitgeber mit einer Krankheitskündigung schwer, wenn die Erkrankung rechtzeitig angezeigt und ordnungsgemäß nachgewiesen worden ist. In der Regel bleibt dem Unternehmen nichts anderes übrig, als dem „vermeintlichen Drückeberger" die Fehlzeiten auch noch durch Fortzahlung der Vergütung zu versüßen. Vor diesem Hintergrund ist die Begeisterung vieler Arbeitgeber über mehrere Urteile des Landesarbeitsgerichts München verständlich. Eine Kammer dieses Gerichts hat wiederholt den Beweiswert ärztlicher Arbeitsunfähigkeitsbescheinigungen nachdrücklich in Zweifel gezogen. Das LAG hat die Ansicht vertreten, das Attest des Arztes habe keine nennenswerte Aussagekraft. Es beweise nur, daß der Arbeitnehmer einen Arzt aufgesucht und daß der Arzt ihn für arbeitsunfähig befunden habe. Ein Beweis für das tatsächliche Vorliegen einer Erkrankung sei mit dem bloßen Attest nicht erbracht. Bestreite der Arbeitgeber anläßlich einer Lohnfortzahlungsklage des Arbeitnehmers die Arbeitsunfähigkeit, dann müsse der Mitarbeiter weitere Umstände dafür vortragen, daß er wirklich arbeitsunfähig war. Ansonsten sei seine Klage abzuweisen.
Mit seinem Urteil vom 15. Juli 1992 – 5 AZR 312/91 – hat der für Fragen der Lohnfortzahlung im Arbeitsverhältnis zuständige 5. Senat des Bundesarbeitsgerichts den schönen Traum der Ar-

beitgeber von einer Änderung der Rechtsprechung zum Beweiswert des ärztlichen Attestes jäh und unmißverständlich beendet. Die obersten Arbeitsrichter haben ein gegenteiliges Urteil des LAG München aufgehoben und der Rechtsprechung aus Bayern ein kurzes Ende bereitet. Das BAG hält ausdrücklich an seiner langjährigen Rechtsprechung fest, die der ordnungsgemäß ausgestellten ärztlichen Arbeitsunfähigkeitsbescheinigung einen hohen Beweiswert zuerkennt. Danach bleibt das Attest der wichtigste Beweis für die Tatsache einer krankheitsbedingten Arbeitsunfähigkeit. Mit Vorlage dieser Bescheinigung sichert sich demnach der Arbeitnehmer seinen Anspruch auf Lohnfortzahlung. Nach Ansicht des 5. Senats „wertet der Gesetzgeber nach der Lebenserfahrung die vom Arzt ausgestellte Bescheinigung als den auf der ärztlichen Sachkunde beruhenden Nachweis der Arbeitsunfähigkeit". Die Kasseler Arbeitsrichter verweisen insoweit auch auf die Rechtsprechung des Bundessozialgerichts, das jedenfalls das Attest eines deutschen Arztes als Krankheitsnachweis genügen läßt.

In der Rechtsprechung aus München sehen die Bundesarbeitsrichter eine „nicht erträgliche Diskriminierung aller Ärzte". Im übrigen sei der Arbeitgeber Mißbrauchsfällen auch nicht schutzlos ausgesetzt. Er könne Umstände darlegen, aus denen Bedenken gegen die durch die ärztliche Bescheinigung attestierte Arbeitsunfähigkeit zu begründen seien. Erst daraufhin könne der Mitarbeiter verpflichtet sein, seinerseits weiteren Beweis anzutreten. Es komme dann auch die Einholung einer gutachterlichen Stellungnahme des Medizinischen Dienstes der Krankenkasse in Betracht, um begründete Zweifel an der Arbeitsunfähigkeit aufzuklären.

Mit diesem aktuellen BAG-Urteil ist der Beweiswert der ärztlichen AU-Bescheinigung auf der Basis der geltenden Rechtslage verbindlich festgeschrieben worden. Juristisch ist die Entscheidung aus Kassel korrekt und unangreifbar. Deshalb hilft es den Unternehmen überhaupt nicht, daß das Urteil des LAG München der Lebenswirklichkeit und der betrieblichen Praxis wesentlich näher kam, als dies die hehren Rechtssätze aus Kassel tun. Alle Arbeitsrichter erster und zweiter Instanz sind nunmehr gehalten, der Rechtsprechung des BAG zu folgen. Jetzt ist – wieder einmal – der Gesetzgeber gefordert.

5. Krankheitskündigung oder Umschulung

Gesundheitlich beeinträchtigte Arbeitnehmer legen ihrem Arbeitgeber häufig ärztliche Atteste vor, aus denen sich ergibt, daß sie die bisherige Tätigkeit aus medizinischen Gründen nicht mehr ausüben können. Ziel derartiger Bescheinigungen ist es meist, die Versetzung auf einen anderen, leichteren Arbeitsplatz zu erzwingen. Eine solche Vorgehensweise ist jedenfalls dann, wenn dem Unternehmen die aktuellen Entscheidungen des BAG bekannt sind, mit dem Risiko verbunden, daß der Arbeitnehmer den alten Arbeitsplatz verliert, ohne Anspruch auf eine neue Beschäftigung zu haben.

Nach der ständigen Rechtsprechung des zuständigen 2. Senats kann die krankheitsbedingte dauernde Unfähigkeit, die vertraglich geschuldete Arbeitsleistung zu erbringen, als personenbedingter Grund zur ordentlichen Kündigung berechtigen. Steht bei einem Arbeitsverhältnis nämlich fest, daß der Mitarbeiter in Zukunft zu der geschuldeten Arbeitsleistung überhaupt nicht mehr in der Lage sein wird, dann ist das Vertragsverhältnis schon aus diesem Grunde auf Dauer ganz erheblich gestört. Die unzumutbare betriebliche Beeinträchtigung besteht in diesem Fall darin, daß der Arbeitgeber damit rechnen muß, der erkrankte Mitarbeiter sei auf Dauer außerstande, seinen vertraglichen Pflichten korrekt nachzukommen.

Ein Kündigungsgrund liegt allerdings nicht vor, wenn der Arbeitnehmer trotz seines Leidens auf einem anderen, freien Arbeitsplatz in dem Betrieb, in dem er bislang tätig war, weiterbeschäftigt werden könnte. Nach dem im gesamten Kündigungsschutzrecht geltenden Grundsatz der Verhältnismäßigkeit muß ein Arbeitgeber vor jeder Beendigungskündigung von sich aus einen beiden Vertragspartnern zumutbaren Einsatz auf einem freien Arbeitsplatz im Betrieb anbieten, auch wenn diese Tätigkeit mit geänderten Bedingungen verbunden ist.

Falls der Betriebsrat der Kündigung wegen einer Weiterbeschäftigungsmöglichkeit widersprochen hat, ist die Suche nach einem anderen Arbeitsplatz über den Beschäftigungsbetrieb hinaus auch auf andere Betriebe des Unternehmens auszudehnen. Eine Weiterbeschäftigung kommt aber stets nur dann in Betracht, wenn ein zumutbarer, freier Arbeitsplatz vorhanden ist. Eine Verpflichtung des Arbeitgebers zu einem Austausch von Arbeitnehmern oder gar zu einem Ringtausch besteht nicht. Eine solche Maßnahme des Unternehmens würde in unangemessener Form die Rechtsposition anderer Mitarbeiter berühren.

Als frei sind solche Arbeitsplätze anzusehen, die zum Zeitpunkt der Kündigung unbesetzt sind. Falls der Arbeitgeber bei Ausspruch der Kündigung vorhersehen kann, daß ein Arbeitsplatz bis zum Ablauf der Kündigungsfrist, z. B. wegen des Ausscheidens eines anderen Arbeitnehmers, zur Verfügung stehen wird, ist ein derartiger Arbeitsplatz ebenfalls als „frei" zu betrachten. Hier trifft den Arbeitnehmer eine sogenannte „Initiativlast", d. h. er muß im Zusammenhang mit der Kündigung darlegen, wie er sich eine andere Beschäftigungsmöglichkeit vorstellt.

Gemäß § 1 Absatz 2 Satz 3 KSchG ist eine Beendigungskündigung auch dann ausgeschlossen, wenn eine weitere Tätigkeit des Mitarbeiters nach zumutbaren Umschulungs- oder Fortbildungsmaßnahmen möglich ist und der Betroffene sein Einverständnis hiermit erklärt hat. Möglich ist ein solcher Einsatz aber nur, wenn zum Zeitpunkt der Beendigung der Umschulungs- oder Fortbildungsmaßnahme tatsächlich ein freier Arbeitsplatz vorhanden ist. Eine Zumutbarkeit der Weiterbeschäftigung in dem Sinne, daß es dem Unternehmen zumutbar sein müsse, einen freien Arbeitsplatz zu schaffen, reicht nicht aus. Der Arbeitnehmer muß also substantiiert geltend machen, bereits zum Zeitpunkt des Ausspruchs seiner Kündigung sei mit hinreichender Wahrscheinlichkeit zu erwarten gewesen, gegen Ende seiner ins Auge gefaßten Umschulung werde ein freier Arbeitsplatz für ihn vorhanden sein. Nach Auffassung des BAG ist es nicht ausreichend, wenn insoweit nur eine gewisse Wahrscheinlichkeit besteht.

Vor allem bei lang- und mittelfristigen Umschulungsmaßnahmen wird es Arbeitnehmern regelmäßig nicht gelingen, diese Anforderungen des BAG zu erfüllen. Der krankheitsbedingt dauernd an der Erbringung seiner Arbeitsleistung gehinderte Mitarbeiter kann seinen Arbeitsplatz deshalb nur selten mit dem Argument einer angestrebten Umschulung retten.

In Anbetracht dieser Sach- und Rechtslage konnte das BAG bedenkenfrei die Frage offenlassen, wann eine Umschulung den Vertragspartnern überhaupt „zumutbar" ist. Bereits die vergebliche Suche nach einem nach Abschluß der Umschulung freien Arbeitsplatz nimmt dem Arbeitnehmer jede Prozeßchance.

B

Arbeitsrechtliche Abmahnung und verhaltensbedingte Kündigung

1. Die Abmahnung

In vielen deutschen Unternehmen steht derzeit massiver Personalabbau auf der Tagesordnung. Häufig ist die notwendige Reduzierung des Mitarbeiterbestandes über Frühpensionierungen und Aufhebungsverträge nicht mehr zu erreichen. Massenentlassungen durch betriebsbedingte Kündigungen sind dann die notwendige Folge. Hierbei werden die Personalverantwortlichen regelmäßig mit dem Problem konfrontiert, daß Leistungsgesichtspunkte auch nach der neuen Gesetzeslage betreffend die betriebsbedingte Kündigung nur in Ausnahmefällen geeignet sind, eine Abweichung von den festgeschriebenen sozialen Kriterien zu rechtfertigen. Will ein Unternehmen sich vorrangig von leistungsschwachen oder -unwilligen Mitarbeitern trennen, dann bieten betriebsbedingte Kündigungen praktisch keinen Lösungsansatz.
In Anbetracht dieser Rechtslage wiegen Versäumnisse der Arbeitgeber bei der Vorbereitung und Durchführung von verhaltensbedingten Kündigungen besonders schwer. Letztlich ist nämlich diese Kündigungsart der einzige Weg, den Firmen gehen können, die im Rahmen notwendiger Entlassungsmaßnahmen einen drastischen Rückgang der Leistungsbereitschaft und der Qualität ihrer Mitarbeiter vermeiden wollen. Die Urteile des Bundesarbeitsgerichtes zur arbeitsrechtlichen Abmahnung und zur verhaltensbedingten Kündigung haben den Unternehmen in den letzten Jahren genügend Hinweise für eine erfolgreiche Verfolgung dieser Arbeitgeberinteressen gegeben. Es bleibt jedoch die Notwendigkeit, diese Rechtsprechung sachgerecht in die betriebliche Praxis umzusetzen.
Eine verhaltensbedingte Kündigung setzt gemäß § 1 Absatz 2 KSchG voraus, daß der Arbeitnehmer schuldhaft seine vertraglichen Pflichten verletzt hat. Das vertragswidrige Verhalten des Mitarbeiters kann den Vertrauens- oder Leistungsbereich betreffen. Liegt die Pflichtverletzung im Vertrauensbereich, dann bedarf es grundsätzlich vor Ausspruch einer Kündigung keiner Abmahnung. Nur ausnahmsweise ist auch bei Beeinträchtigungen des

Vertrauens eine vorherige Abmahnung erforderlich, wenn der Arbeitnehmer mit vertretbaren Gründen annehmen konnte, sein Verhalten sei nicht vertragswidrig oder werde vom Arbeitgeber nicht als erhebliches, den Bestand des Arbeitsverhältnisses gefährdendes Fehlverhalten angesehen. Demgegenüber verlangt das Bundesarbeitsgericht bei Störungen im Leistungsbereich regelmäßig, daß der Kündigung zumindest eine vergebliche Abmahnung vorausgegangen ist. Ausnahmsweise ist eine Abmahnung hier entbehrlich, wenn sie keinen Erfolg verspricht, wie z. B. im Falle hartnäckiger oder bewußt uneinsichtiger Vertragsverletzungen.

Durch das Erfordernis einer vergeblich gebliebenen Abmahnung vor Ausspruch einer verhaltensbedingten Kündigung soll der mögliche Einwand des Arbeitnehmers ausgeräumt werden, er habe die Pflichtwidrigkeit seines Verhaltens nicht gekannt oder er habe jedenfalls nicht damit rechnen müssen, daß der Arbeitgeber den Vertragsverstoß als so schwerwiegend ansehe, daß er zu kündigungsrechtlichen Konsequenzen greifen werde.

Soll eine Abmahnung der Vorbereitung einer Kündigung dienen, dann ist neben der Beanstandung eines konkreten Vertragsverstoßes die Warnfunktion unabdingbare Voraussetzung. Zum unverzichtbaren Inhalt einer Abmahnung gehört deshalb neben der Rüge eines genau zu bezeichnenden Fehlverhaltens der Hinweis auf die Bestandsgefährdung des Arbeitsverhältnisses für den Wiederholungsfall. Durch die Abmahnung muß gegenüber dem Arbeitnehmer unmißverständlich zum Ausdruck gebracht werden, daß der Arbeitgeber nicht mehr gewillt ist, die Leistungsmängel des Mitarbeiters oder sein sonstiges Fehlverhalten weiter hinzunehmen.

Arbeitsrechtliche Abmahnungen sind nicht formbedürftig. Sie können auch mündlich ausgesprochen werden. Schriftform ist allerdings aus Gründen der Beweissicherung zweckmäßig. Letztlich steht es dem Arbeitgeber jedoch frei, ob er wegen eines Fehlverhaltens eine mündliche oder eine schriftliche Abmahnung erteilen will.

Als rechtsgeschäftsähnliche Handlung wird die schriftliche Abmahnung nur wirksam, wenn sie dem Mitarbeiter zugegangen ist. Außerdem muß der Betroffene die Möglichkeit haben, den Inhalt des Schreibens tatsächlich zur Kenntnis zu nehmen. Wird eine Abmahnung z. B. während der urlaubsbedingten Abwesenheit des Mitarbeiters durch Einwurf in dessen Hausbriefkasten zugestellt, dann kann der Arbeitgeber Besserung des Fehlverhaltens erst nach der Rückkehr aus dem Urlaub erwarten.

Will der Arbeitgeber einem <u>ausländischen Mitarbeiter</u>, der der deutschen Sprache nicht mächtig ist, eine Abmahnung erteilen, dann ist es hilfreich, das Schreiben in der Muttersprache des Empfängers abzufassen. Zwingend notwendig ist dies jedoch nicht. Hat der ausländische Arbeitnehmer einen Vertragsverstoß, z. B. unentschuldigtes Fehlen, begangen und überreicht das Unternehmen ihm in diesem Zusammenhang ein in deutscher Sprache abgefaßtes Schreiben, so hat der Abgemahnte entweder sofort auf seine fehlenden Sprach- und Lesekenntnisse hinzuweisen oder selbst für eine schnelle Übersetzung zu sorgen. Er kann sich jedoch nicht auf die fehlende Kenntnis vom Inhalt der Abmahnung berufen, wenn er beides versäumt.

Abmahnungscharakter kann sogar eine <u>erfolglos gebliebene Kündigung</u> des Arbeitgebers haben. Kündigt ein Unternehmen einen Mitarbeiter aus verhaltensbedingten Gründen und scheitert die Kündigung im Prozeß nur aus formellen Gründen oder in der Interessenabwägung, obwohl die Tatsachen, auf die die Kündigung gestützt wird, feststehen, dann erfüllt die fehlgeschlagene Kündigung die Funktion einer Abmahnung. Begeht der Mitarbeiter in der Folgezeit erneut einen einschlägigen Vertragsverstoß, so erübrigt sich eine erneute Abmahnung. Der Arbeitgeber kann unmittelbar kündigen.

Nachteilig wirkt sich das Bemühen vieler Arbeitgeber aus, in einem Abmahnungsschreiben möglichst <u>viele Vertragsverstöße</u> zusammenzufassen. Stellt sich später heraus, daß nur einer der erhobenen Vorwürfe unberechtigt oder nicht beweisbar ist, führt dies zur Unwirksamkeit der gesamten Abmahnung. Eine solche Abmahnung ist nicht nur aus der Personalakte des Arbeitnehmers zu entfernen, sie ist auch als Vorstufe zur verhaltensbedingten Kündigung ungeeignet. Die Tatsache, daß das BAG dem Unternehmen in diesem Fall die Möglichkeit beläßt, mit den verbleibenden, nachweisbaren Vertragsverstößen eine neue Abmahnung auszusprechen, ist jedenfalls dann wenig tröstlich, wenn sich der Fehler erst im Kündigungsschutzprozeß herausstellt. Letztlich verliert der Arbeitgeber nämlich den Prozeß allein, weil es an einer wirksamen Abmahnung fehlt. Ihm bleibt nur die Hoffnung auf eine neue Chance.

Deshalb ist es den Betrieben dringend zu empfehlen, auf zu ausführliche Abmahnungen zu verzichten. Einzelne oder wenige klar und konkret beschriebene Vertragsverstöße reichen zur Stützung einer Abmahnung völlig aus. Insoweit gilt auch für die Abmahnung, daß weniger oft mehr ist.

Mit der arbeitsrechtlichen Abmahnung soll der Arbeitnehmer auf seine konkreten Vertragspflichtverletzungen hingewiesen werden (Hinweisfunktion). Zugleich soll er vor den Folgen für den Bestand seines Arbeitsverhältnisses gewarnt werden (Warnfunktion), falls er sein vertragswidriges Verhalten fortsetzen sollte. Eine Straffunktion hat die Abmahnung nicht. Schließlich soll der Mitarbeiter hierdurch nicht bestraft, sondern für die Zukunft zu korrekter Arbeit veranlaßt werden. Beim Ausspruch einer Abmahnung hat der Betriebsrat weder nach § 87 BetrVG noch nach irgendeiner anderen Vorschrift des BetrVG mitzubestimmen. Arbeitsrechtliche Abmahnungen sind mitbestimmungsfrei. Durchaus zulässig ist es, ein Mitglied des Betriebsrates abzumahnen. Dies setzt jedoch voraus, daß der Betroffene neben einer möglichen Verletzung seiner Amtspflicht als Betriebsrat zumindest auch seine arbeitsvertraglichen Pflichten verletzt hat. Dies kann z. B. durch Verstöße gegen Abmeldepflichten bei Verlassen des Arbeitsplatzes, dauerndes Zuspätkommen oder unentschuldigtes Fehlen geschehen. Da ein Betriebsratsmitglied, abgesehen von Fällen der Arbeitsbefreiung wegen Betriebsratstätigkeit, ebenso zur Arbeitsleistung verpflichtet ist wie jeder andere Arbeitnehmer, macht das BAG auch hinsichtlich der Zulässigkeit einer Abmahnung keinen Unterschied zu anderen Arbeitnehmern. Sogar ein freigestelltes Betriebsratsmitglied kann in abmahnungswürdiger Weise gegen seine Arbeitsvertragspflichten verstoßen, wenn es z. B. die Presse wahrheitswidrig über unternehmensinterne Vorgänge unterrichtet. Anders als bei der fristlosen, außerordentlichen Kündigung, die der Arbeitgeber gemäß § 626 Absatz 2 BGB binnen zwei Wochen nach Kenntnisnahme von dem oder den Vertragsverstößen aussprechen muß, drängen das Unternehmen bei der Vornahme einer Abmahnung keine festen <u>Fristen</u>. Nach Auffassung des BAG gibt es keine Regelausschlußfrist, innerhalb derer das Rügerecht ausgeübt werden muß. Im Zweifelsfall ist der Arbeitgeber deshalb befugt, einen Mitarbeiter auch wegen eines mehrere Monate zurückliegenden Vergehens abzumahnen. Verwirkt ist das Recht zur Abmahnung allerdings, wenn die Firma sich über längere Zeit nicht zu dem Vertragsverstoß geäußert hat, während sie gleichzeitig den Mitarbeiter wegen seiner sonstigen Leistungen ausdrücklich gelobt oder mit einer hohen Tantieme belohnt hat.

Andererseits kann eine ursprünglich berechtigte Abmahnung auch durch <u>Zeitablauf</u> gegenstandslos werden. Insbesondere kann es dem Arbeitgeber nach einer längeren Zeit einwandfreier Führung des Arbeitnehmers verwehrt sein, sich auf früher abgemahnte Pflichtverstöße des Mitarbeiters zu berufen. Wann es vor Ausspruch einer verhaltensbedingten Kündigung wieder einer erneuten Abmahnung bedarf, bestimmt sich nach den jeweiligen Umständen des Einzelfalles. Das BAG lehnt es ab, insoweit auf eine bestimmte Regelfrist (z. B. 2 Jahre) abzustellen. Entscheidend sind vielmehr regelmäßig die Umstände des Einzelfalles. Eine ursprünglich ausreichend gewesene Abmahnung verliert ihre Bedeutung als Vorstufe einer Kündigung erst dann, wenn aufgrund des eingetretenen Zeitablaufs oder aufgrund neuer Umstände, z. B. einer späteren unklaren Reaktion des Arbeitgebers auf ähnliche Pflichtverletzungen anderer Arbeitnehmer, der Arbeitnehmer wieder im Ungewissen sein konnte, was der Arbeitgeber von ihm erwartete bzw. wie der Arbeitgeber auf eine etwaige Pflichtverletzung reagieren würde. Die konkrete Frage, wann eine Abmahnung nicht mehr kündigungsrelevant ist, läßt sich folglich nur unter Beachtung der Art der Verfehlung des Arbeitnehmers und des Folgeverhaltens des Arbeitgebers im Anschluß an die erteilte Abmahnung abschließend beurteilen.

Da eine arbeitsrechtliche Abmahnung jedoch nicht nur als Vorstufe einer Kündigung von Bedeutung sein kann, ist der Arbeitgeber befugt, eine derartige Unterlage auch dann in den Personalakten zu belassen, wenn die Abmahnung als Vorstufe einer Kündigung nicht mehr geeignet ist.

Soweit die Abmahnung richtige Tatsachenbehauptungen enthält, also auf einem wahren Sachverhalt beruht, ist der Arbeitgeber nur im Ausnahmefall verpflichtet, sie aus der Personalakte zu entfernen. Nur wenn eine Interessenabwägung ergibt, daß eine weitere Aufbewahrung der Abmahnung zu unzumutbaren beruflichen Nachteilen für den Arbeitnehmer führt, andererseits der beurkundete Vorgang für das Arbeitsverhältnis rechtlich bedeutungslos ist, müssen auch sachlich richtige Abmahnungen aus der Personalakte entfernt werden. Solange die beurkundeten Vorgänge jedoch für die weitere berufliche Beurteilung und Entwicklung des Arbeitnehmers nicht bedeutungslos geworden sind, kann dieser sich gegen ein Verbleiben in der Personalakte nicht wehren. Handelt es sich also um Vorgänge, die für den weiteren beruflichen Aufstieg, eine Versetzung oder das Zeugnis des Arbeitnehmers wichtig sein können, dann ist der Arbeitgeber berechtigt, die entsprechenden Unterlagen auch auf Dauer in der Personalakte zu belassen.

Der Arbeitnehmer ist zwar berechtigt, jedoch nicht verpflichtet, mit gerichtlichen Schritten gegen eine Abmahnung vorzugehen. Aus der Tatsache, daß dem Arbeitnehmer unter bestimmten Voraussetzungen ein gerichtlich durchsetzbarer Anspruch auf Rücknahme der Abmahnung sowie auf Entfernung des Abmahnungsschreibens aus den Personalakten zusteht, kann nicht gefolgert werden, daß er zur Einreichung einer entsprechenden Klage auch verpflichtet ist. Für einen Arbeitnehmer besteht weder eine arbeitsvertragliche Nebenpflicht noch eine entsprechende Obliegenheit, gegen eine Abmahnung klageweise vorzugehen. Im Gegenteil bewirkt die Klage gegen die Abmahnung vielfach nur eine Verschärfung der Fronten. Verzichtet der Arbeitnehmer darauf, die Berechtigung einer Abmahnung gerichtlich klären zu lassen, dann ist es ihm unbenommen, in einem späteren Kündigungsschutzprozeß die Richtigkeit der abgemahnten Pflichtwidrigkeiten zu bestreiten. Es bleibt dann Sache des Arbeitgebers, die Richtigkeit der zwar abgemahnten, vom Arbeitnehmer jedoch bestrittenen Pflichtwidrigkeiten zu beweisen. Wartet der Arbeitnehmer also ab und bestreitet er die Rechtmäßigkeit einer im Zweifelsfall viele Monate zuvor erfolgten Abmahnung erst im Kündigungsschutzprozeß, dann ist der Arbeitgeber im Rahmen seiner Darlegungs- und Beweislast verpflichtet, alle Tatsachen, die der Abmahnung zugrunde gelegen haben, darzulegen und zu beweisen. Eine prozeßentscheidende Beweisnot kann der Arbeitgeber insoweit nur vermeiden, wenn er den Mitarbeiter zur Richtigkeit der abgemahnten Pflichtwidrigkeiten befragt, und für den Fall, daß dieser die Vertragsverletzungen bestreitet, für eine anderweitige Sicherstellung der Beweismittel Sorge trägt. Verweigert der Arbeitnehmer ein Eingeständnis seiner Pflichtwidrigkeiten, beschränkt er sich z. B. lediglich darauf, durch seine Unterschrift auf dem Abmahnungsschreiben die Kenntnisnahme zu bestätigen, dann wird der gut beratene Arbeitgeber durch Aktenvermerke der Vorgesetzten oder der anderen Beteiligten die entsprechenden Beweismittel sichern. Nur auf diesem Wege kann er vermeiden, später im Kündigungsschutzprozeß an den fehlenden Beweismöglichkeiten hinsichtlich der Abmahnung zu scheitern.

Die kündigungsrechtliche Warnfunktion der Abmahnung erfordert nicht zwingend, daß dem Arbeitnehmer für den Fall eines erneuten Fehlverhaltens ausdrücklich eine Kündigung angedroht wird. Es genügt insoweit, wenn der Betroffene unmißverständlich darauf hingewiesen wird, daß bei wiederholten Leistungsmängeln der gerügten Art arbeitsrechtliche Konsequenzen für Inhalt oder Bestand des Arbeitsverhältnisses gezogen werden.

Vielfach übersehen wird, daß eine Abmahnung nicht nur von einem Kündigungsberechtigten ausgesprochen werden darf. Als <u>abmahnungsberechtigte Personen</u> kommen alle Vorgesetzten in Betracht, die aufgrund ihrer Aufgabenstellung befugt sind, dem Mitarbeiter verbindliche Anweisungen bezüglich des Ortes, der Zeit sowie der Art und Weise der arbeitsvertraglich geschuldeten Leistung zu erteilen. Mithin zählen insbesondere die für den Mitarbeiter zuständigen Meister oder Abteilungsleiter zu dem abmahnungskompetenten Personenkreis.

Mahnt der Arbeitgeber einen Arbeitnehmer wegen eines bestimmten Fehlverhaltens ab, dann schließt dies eine spätere Kündigung aus, wenn diese auf den gleichen, dem Arbeitgeber bereits zum Zeitpunkt der Erteilung der Abmahnung bekannten Gründen beruht. Dies gilt jedenfalls für den Fall, daß die Abmahnung von einem kündigungsberechtigten Vertreter des Unternehmens ausgesprochen worden ist. Der Kündigungsberechtigte kann nämlich sowohl bei der ordentlichen als auch bei der außerordentlichen Kündigung auf das Recht verzichten, ein bestimmtes Fehlverhalten zum Anlaß für eine Vertragsbeendigung zu nehmen. Der Verzicht auf ein entstandenes Kündigungsrecht kann ausdrücklich oder durch schlüssiges Verhalten erklärt werden. In der Erteilung der Abmahnung sieht das BAG die konkludente Bereitschaft, von der möglichen Kündigung Abstand zu nehmen. Der Arbeitgeber macht schließlich durch eine Abmahnung deutlich, daß er das Arbeitsverhältnis noch nicht als so gestört ansieht, daß ihm eine weitere Zusammenarbeit mit dem Arbeitnehmer nicht mehr möglich sei. Ein Verbrauch der Kündigungsgründe durch die Abmahnung bezieht sich jedoch nur auf dasjenige Fehlverhalten des Mitarbeiters, das dem Kündigungsberechtigten bei Ausspruch der Abmahnung auch bekannt war. Tauchen später neue Vorwürfe auf, dann ist der Arbeitgeber nicht gehindert, nunmehr eine verhaltensbedingte Kündigung auszusprechen. Unerheblich ist insoweit, ob die Vertragsverstöße vor oder nach Ausspruch der Abmahnung begangen worden sind. Entscheidend ist allein, daß sie dem Unternehmen erst nachher bekannt geworden sind. Arbeitnehmer des öffentlichen Dienstes können seit dem Urteil des 2. Senats vom 21. Mai 1992 ihren Arbeitsplatz im Streitfall nicht mehr durch die Berufung auf eine formelle Unwirksamkeit der vorausgehenden Abmahnung retten. Auch wenn eine Abmahnung wegen fehlender Anhörung des Mitarbeiters nicht in die Personalakten aufgenommen werden durfte, spricht das BAG ihr die kündigungsrelevante Warnfunktion zu. Da eine Abmahnung sogar mündlich ausgesprochen werden kann, kommt es hier auf einen formalen Verstoß gegen § 13 Absatz 2 BAT nicht an. Begeht der Bedienstete des öffentlichen Dienstes nach der formwidrigen Abmahnung eine erneute einschlägige Vertragspflichtverletzung, dann steht der verhaltensbedingten Kündigung trotzdem nichts mehr im Wege.

Arbeitgeber übersehen häufig, daß auf die Abmahnung ein oder mehrere gleichartige Pflichtenverstöße folgen müssen, um eine Kündigung zu rechtfertigen. Wie häufig der Arbeitgeber vor Durchführung der Kündigung abmahnen muß, hängt von der Schwere der Vertragsverstöße und vom Bestandsschutz ab, den das Arbeitsverhältnis genießt. Bei einem langjährig beschäftigten Mitarbeiter, der verheiratet ist und eine Familie zu ernähren hat, erwarten die Gerichte vom Unternehmen mehr Geduld als bei einem jungen, ledigen Arbeitnehmer mit kurzer Beschäftigungszeit.

Wichtig ist, daß Abmahnung und Kündigungsgrund in einem sachlichen Zusammenhang stehen müssen. Die Abmahnung darf nicht einen anderen Bereich als die für die Kündigung herangezogene Pflichtwidrigkeit betreffen. Die Entscheidung, ob es sich noch um einen gleichartigen Vertragsverstoß handelt, ist nicht immer leicht zu fällen.

Veranlaßt ein Unternehmen einen Mitarbeiter durch die Drohung mit einer ordentlichen, verhaltensbedingten Kündigung zum Abschluß eines Aufhebungsvertrages, obwohl es an einer einschlägigen, vorherigen Abmahnung fehlt, dann steht diese Vereinbarung auf wackligen Füßen. In der Drohung mit einer ordentlichen Kündigung liegt stets eine Drohung im Sinne des § 123 BGB. Zur Anfechtung des Aufhebungsvertrages berechtigt dies den Arbeitnehmer allerdings nur, wenn der Druck des Arbeitgebers widerrechtlich erfolgte. Eine Widerrechtlichkeit der Drohung nimmt das BAG an, wenn ein verständig denkender Arbeitgeber eine Kündigung wegen fehlender sozialer Rechtfertigung nicht ernsthaft in Erwägung ziehen würde. Fehlt es beim betroffenen Mitarbeiter an einer vorherigen Abmahnung wegen gleichartigen Fehlverhaltens, dann wäre eine Kündigung durch das Unternehmen ohne jede Erfolgschance. Mithin darf ein Arbeitgeber auch nicht mit einem solchen Schritt drohen, um einen Aufhebungsvertrag zu erzwingen. Tut er es trotzdem, so muß er noch Monate nach Vertragsabschluß mit der Anfechtung durch den genötigten Arbeitnehmer rechnen.

Fazit:

Der Umgang mit der arbeitsrechtlichen Abmahnung erfordert sowohl auf seiten des Arbeitgebers als auch seitens des Arbeitnehmers erhebliches Fingerspitzengefühl. Zur Erhaltung des Arbeitsplatzes bedarf es der Arbeitnehmerklage auf Entfernung der Abmahnung aus der Personalakte nicht. Vielfach führt der Rechtsstreit um die Abmahnung nur zu einer Verschlechterung des Klimas und zu einer Verschärfung des Streites. Gelingt es dem Arbeitnehmer, in Zukunft die beanstandeten Verhaltensweisen zu vermeiden, dann wird die Abmahnung für ihn ohnehin keine Folgen haben. Fühlt er sich zu Unrecht abgemahnt, dann reicht es immer noch aus, erst im späteren Streit um die Wirksamkeit der Kündigung die Fehlerhaftigkeit der Abmahnung zu rügen.

Die Arbeitgeberseite ist gut beraten, sich bei ihren Abmahnungen auf konkrete und hinreichend gewichtige Vertragsverstöße zu konzentrieren. Zugleich sollte die Sicherung der Beweise vorgenommen werden, auf die die Abmahnung im Streitfall gestützt werden kann. Vorschnelle Abmahnungen sind für den späteren Kündigungsschutzprozeß ebenso schädlich wie verhaltensbedingte Kündigungen ohne sorgfältige Vorbereitung durch die warnende „gelbe Karte".

2. Die verhaltensbedingte Kündigung anläßlich entschuldigter oder unentschuldigter Fehlzeiten des Arbeitnehmers

Die Abwesenheit einzelner oder mehrerer Mitarbeiter führt regelmäßig zu erheblichen Beeinträchtigungen des Betriebsablaufes. Arbeitgeber stellen daher oft die Frage, ob und in welchem Umfang sie Fehlzeiten hinnehmen müssen. Verhält sich der Arbeitnehmer bei krankheitsbedingten Ausfallzeiten korrekt, dann kommt eine Kündigung nur in Anwendung der Maßstäbe der Kranheitskündigung in Betracht. Häufig ist es jedoch ein schuldhaftes Fehlverhalten im Zusammenhang mit der Arbeitsunfähigkeit, das das Unternehmen über eine Kündigung nachdenken läßt. Dann gelten andere Regeln.

Droht ein Arbeitnehmer z. B. dem Arbeitgeber eine zukünftige, im Zeitpunkt der Ankündigung noch nicht bestehende Erkrankung für den Fall an, daß die Firma einer Forderung auf Urlaubsgewährung nicht entsprechen sollte, dann liegt hierin ein wichtiger Grund zur fristlosen, außerordentlichen Kündigung des Arbeitsverhältnisses nach § 626 BGB. Versucht nämlich ein Mitarbeiter, eine Arbeitsfreistellung oder deren Verlängerung zu erzwingen, indem er mit einem ärztlichen Attest winkt, obwohl er tatsächlich nicht krank ist, so verletzt er bereits hierdurch seine arbeitsvertragliche Rücksichtnahmepflicht. Ein solches Verhalten beeinträchtigt das Vertrauensverhältnis zum Arbeitgeber, weil es in diesem den berechtigten Verdacht aufkommen lassen kann, der Arbeitnehmer mißbrauche notfalls seine Rechte aus den Lohnfortzahlungsbestimmungen, um einen unberechtigten Vorteil zu erreichen. In dieser Verletzung der Vertragspflichten ist schon die konkrete Störung des Arbeitsverhältnisses zu sehen. Auf die Frage, ob der Arbeitnehmer später wirklich krank wird, kommt es nicht mehr an. Die vorherige Drohung liefert den Kündigungsgrund. In einem derartigen Fall bedarf es auch keiner vorherigen Abmahnung. Ein solches Fehlverhalten berührt schließlich den Vertrauensbereich. Da ein Arbeitnehmer im Normalfall auch nicht annehmen kann, sein Verhalten sei nicht vertragswidrig oder werde vom Unternehmen als nicht bestandsgefährdend angesehen, ist die sofortige Beendigung des Arbeitsverhältnisses möglich.

Ähnlich harte Sanktionen drohen einem Arbeitnehmer, der eine <u>Nebentätigkeit</u> fortsetzt, während er für die <u>Hauptbeschäftigung arbeitsunfähig</u> ist. Das Vortäuschen einer Krankheit und das Erschleichen der Lohnfortzahlung berechtigt das Unternehmen grundsätzlich zur fristlosen Kündigung des Arbeitsverhältnisses. Legt der Mitarbeiter seiner Firma eine ärztliche Arbeitsunfähigkeitsbescheinigung vor, dann ist zwar zunächst davon auszugehen, daß der Betroffene tatsächlich krank ist. Nimmt der Mitarbeiter aber während der attestierten Arbeitsunfähigkeit eine andere Arbeit auf oder setzt er seine Nebentätigkeit unvermindert fort, dann ist der Beweiswert der ärztlichen Bescheinigung beseitigt. Der Arbeitnehmer kann seinen Arbeitsplatz nur retten, wenn er konkret nachweist, warum er im Hauptberuf krank, für die Nebentätigkeit aber fit war. Nicht der Arbeitgeber muß in diesem Fall das Vortäuschen einer Erkrankung, sondern der Nachtarbeiter muß die Echtheit der Arbeitsunfähigkeit beweisen.

Aber auch wenn sich im Prozeß das Vorliegen einer echten Arbeitsunfähigkeit erweist, muß geprüft werden, ob der Arbeitnehmer durch <u>genesungswidriges Verhalten</u> die Wiederherstellung seiner Leistungsfähigkeit verhindert oder hinausgezögert hat. Übt ein Mitarbeiter während der Krankschreibung schwere körperliche Arbeiten aus oder besteigt er gar – wie geschehen – den Mont Blanc, dann steht er zur fristlosen Kündigung an.

Mit einem geringeren Risiko sind Nachlässigkeiten behaftet, die ein Arbeitnehmer bei <u>verspäteter Anzeige</u> oder <u>verspätetem Nachweis seiner Arbeitsunfähigkeit</u> begeht. Aber auch diese Fehlverhalten können zu einer Beendigung des Arbeitsverhältnisses durch arbeitgeberseitige Kündigung führen. Gemäß § 5 Absatz 1 Satz 1 Entgeltfortzahlungsgesetz ist der Arbeitnehmer nämlich verpflichtet, dem Arbeitgeber die Arbeitsunfähigkeit und deren voraussichtliche Dauer unverzüglich mitzuteilen. Unverzüglich heißt hier „ohne schuldhaftes Zögern". Die unverzügliche Anzeige soll es dem Unternehmen ermöglichen, sich auf das Fehlen des Mitarbeiters einstellen zu können. Der Arbeitnehmer muß deshalb sicherstellen, daß die Information über die Arbeitsunfähigkeit dem Arbeitgeber jedenfalls am ersten Krankheitstag zugeht. Das bloße Absenden einer Mitteilung genügt nicht. Möglichst sollte die Firma vor Arbeitsbeginn und vor dem Aufsuchen eines Arztes unterrichtet werden. Wegen der Auswirkungen auf den Betriebsablauf hat der Arbeitgeber in aller Regel ein größeres Interesse an einer Schnellunterrichtung als an einem ärztlichen Nachweis darüber, ob die Behauptungen des Arbeitnehmers zutreffen. Zur Anzeige der Erkrankung ist ein vorheriger Arztbesuch nicht notwendig.

Es ist im ersten Stadium der Anzeigepflicht auch nicht erforderlich, daß der Mitarbeiter die Art der Krankheit beschreibt. Mit der „Anzeige" verlangt der Gesetzgeber nicht eine ärztlich gesicherte Diagnose, sondern eine Selbstdiagnose. Der Arbeitgeber soll sich, da der Nachweis durch Attest ohnehin binnen drei Tagen zu erfolgen hat, darauf einstellen können, ob der Arbeitnehmer demnächst wieder am Arbeitsplatz erscheint oder nicht.

Neben der Anzeigepflicht steht als selbständige vertragliche Nebenpflicht des Arbeitnehmers die Nachweispflicht gemäß § 5 Absatz 1 Satz 2 Entgeltfortzahlungsgesetz. Danach hat der Mitarbeiter seiner Firma bei länger als drei Tage andauernder Arbeitsunfähigkeit spätestens am darauffolgenden Tag eine ärztliche Bescheinigung über die Arbeitsunfähigkeit und deren voraussichtliche Dauer vorzulegen. Auch hier genügt die Absendung des Attestes nicht. Der Arbeitnehmer muß sicherstellen, daß das Attest dem Unternehmen tatsächlich zugegangen ist.

Anzeige- und Nachweispflicht betreffen im übrigen nicht nur den Fall der Ersterkrankung. Hält eine Krankheit über den ursprünglich mitgeteilten Zeitraum hinaus an, dann muß der Mitarbeiter sein weiteres Fernbleiben von der Arbeit erneut anzeigen und entschuldigen.

Verstößt ein Mitarbeiter schuldhaft gegen diese vertraglichen Meldepflichten, dann ist eine Störung des Arbeitsverhältnisses im Leistungsbereich gegeben. Es ist zwar nur eine Nebenpflicht

verletzt, doch auch hierdurch ist das Vertragsverhältnis bereits unmittelbar gestört, und damit ist ein zur Rechtfertigung einer Kündigung geeigneter Grund zu bejahen.
Dabei bedarf es allerdings, je nach Dauer und Bestandskraft des Arbeitsverhältnisses, einer oder mehrerer vergeblicher und einschlägiger Abmahnungen, bevor das Unternehmen zur Kündigung schreiten darf.
Jedes Verständnis fehlt dem Kündigungssenat des BAG dann, wenn ein Arbeitnehmer ohne rechfertigenden Grund <u>nicht</u> oder <u>verspätet zur Arbeit erscheint</u>. Der Betroffene erbringt insoweit die geschuldete Arbeitsleistung nicht. Dies stellt einen eindeutigen Verstoß gegen seine vertraglichen Pflichten dar. Soweit der Mitarbeiter seiner Arbeitspflicht im vertraglichen Umfang nicht nachkommt, wirkt sich dies unmittelbar als Störung des Arbeitsverhältnisses im Leistungsbereich aus. Der Bestand des Arbeitsvertrages ist direkt betroffen. Wiederholtes unentschuldigtes Fehlen ist deshalb ebenso wie nachhaltiges Zuspätkommen geeignet, eine verhaltensbedingte Kündigung zu rechtfertigen. Für die Schaffung des Kündigungsgrundes ist es unerheblich, ob durch das Fehlverhalten dem Betrieb auch ein Schaden zugefügt worden ist. Betriebsablaufstörungen, Verstöße gegen die Betriebsordnung oder die Beeinträchtigung des Betriebsfriedens durch die vertragswidrigen Fehlzeiten sind lediglich zu Lasten des Arbeitnehmers in die Interessenabwägung bei der Kündigung einzubeziehen. Erhalten bleibt allerdings, da die Kündigung den Leistungsbereich betrifft, das übliche Abmahnungserfordernis.

3. Fehlende Ehrlichkeit zerstört das Vertrauensverhältnis und rechtfertigt die Kündigung

Ein Arbeitnehmer, der sich einer strafbaren Handlung gegen seinen eigenen Arbeitgeber schuldig macht, begeht zugleich eine schwere Verletzung seiner arbeitsvertraglichen Pflichten. Diebstahl, Unterschlagung oder Betrug stellen jedenfalls dann, wenn sie sich gegen die eigene Firma richten, einen Grund für eine fristlose Kündigung des Arbeitsverhältnisses dar. Mißbraucht nämlich der Mitarbeiter seine Stellung, um Vermögensdelikte zu Lasten seines Dienstherrn zu begehen, dann ist das Vertrauensverhältnis nachhaltig zerstört.

Für die Beeinträchtigung des Vertrauens des Arbeitgebers in die Redlichkeit des Mitarbeiters kommt es nicht darauf an, welchen Wert der entwendete Gegenstand hatte oder in welchem Umfang durch einen Betrug ein Schaden entstanden ist. Auch der Diebstahl einer geringwertigen Sache, z. B. eines Stückes Kuchen im Wert von ca. 1,— DM reicht für eine fristlose Kündigung ohne vorherige Abmahnung aus. Gleiches gilt für ein Vermögensdelikt, das gegenüber einem anderen Unternehmen begangen wird, wenn diese Firma zu demselben Konzern gehört wie der Arbeitgeber des Straftäters.

Auch ein Spesenbetrug oder die unkorrekte Abrechnung sonstiger Reisekosten ist grundsätzlich selbst bei geringen Beträgen geeignet, eine Kündigung zu begründen. Wird allerdings eine „großzügige" Abrechnungspraxis vom Arbeitgeber über Jahre hinweg stillschweigend oder ausdrücklich akzeptiert, dann ist eine klare Kurskorrektur des Unternehmens – z. B. durch Abmahnungen – vonnöten, bevor gekündigt werden kann.

Selbstverständlich ist auch bei Vorliegen des Kündigungsgrundes „strafbare Handlung" vor Ausspruch der Entlassung eine Interessenabwägung geboten. Selbst bei langjähriger Betriebszugehörigkeit sind hier jedoch die Chancen des Mitarbeiters, seinen Arbeitsplatz zu retten, minimal. Dies gilt vor allem, wenn die

Straftat direkt mit der Tätigkeit des Arbeitnehmers im Zusammenhang steht und es sich um eine Vorsatztat handelte. Hohe Unterhaltspflichten des Betroffenen sind übrigens als Rettungsanker ungeeignet. Sie spielen auch in der Interessenabwägung grundsätzlich keine Rolle.

Außerdienstliche Straftaten eines Arbeitnehmers können nur im Ausnahmefall zu einer Kündigung führen. Maßgeblich ist insoweit, ob durch das private Verhalten des Mitarbeiters das für das Arbeitsverhältnis erforderliche Vertrauen objektiv erschüttert worden ist. Dies ist z. B. bei Sexualdelikten von Lehrern oder Kindergärtnerinnen ebenso zu bejahen wie beim privaten Versicherungsbetrug des Abteilungsleiters einer Versicherung. In derartigen Fällen fehlt dem Betroffenen wegen seines außerdienstlichen Fehlverhaltens die persönliche Eignung für seinen Arbeitsplatz. Es liegt also ein personenbedingter Kündigungsgrund vor. Eine vorherige Abmahnung ist somit entbehrlich.

Hat der Arbeitnehmer anläßlich seiner Einstellung zulässige Fragen nach etwaigen Vorstrafen wahrheitswidrig beantwortet, dann kann auf diese Lüge eine spätere verhaltensbedingte Kündigung gestützt werden. Berechtigt sind allerdings grundsätzlich nur Fragen nach den Vorstrafen, die nach den Vorschriften des Bundeszentralregistergesetzes auch in ein privates Führungszeugnis aufgenommen werden. Weitergehende Offenbarungspflichten hat der Bewerber nur, wenn sein Vorleben für den konkreten Arbeitsplatz von Belang ist. Der Bankkassierer muß daher frühere Vermögensdelikte immer eingestehen. Gleiches gilt für Verkehrsdelikte eines Berufskraftfahrers oder Körperverletzungsdelikte des Mitarbeiters eines Bewachungsunternehmens.

Besondere Probleme bereitet der Rechtsprechung und der betrieblichen Praxis die Kündigung wegen Verdachts einer strafbaren Handlung. Mag der Beschuldigte strafrechtlich auch solange als unschuldig gelten, bis er rechtskräftig verurteilt ist, so rettet ihm dies dennoch nicht zwingend den Arbeitsplatz. Bestehen nämlich objektive tatsächliche Anhaltspunkte, aus denen sich der dringende Verdacht einer gegen den Arbeitgeber gerichteten schweren Pflichtverletzung, insbesondere einer strafbaren Handlung, ergibt, dann ist die außerordentliche Kündigung gemäß § 626 BGB gerechtfertigt. Bei der Verdachtskündigung ist es gerade der dringende Tatverdacht, der das Vertrauen des Unternehmens in die Ehrlichkeit des Mitarbeiters beeinträchtigt und damit eine Fortführung des Vertragsverhältnisses unzumutbar macht.

Um möglichst zu verhindern, daß ein Unschuldiger seinen Arbeitsplatz verliert, stellt das Bundesarbeitsgericht an die Verdachtskündigung besonders strenge Anforderungen. Dies hat zur Folge, daß der Arbeitgeber zunächst gehalten ist, alles in seinen Möglichkeiten Stehende zur Aufklärung der Angelegenheit zu versuchen. Er muß alle ihm zugänglichen Quellen nutzen, um entweder konkret den Tatverdacht zu erhärten oder die Unschuld des verdächtigen Arbeitnehmers zu beweisen.

Da der Arbeitgeber alles ihm Zumutbare zur Aufklärung des Sachverhaltes unternehmen muß, ist er in jedem Fall verpflichtet, dem Beschuldigten die Gelegenheit zur Ausräumung des Tatverdachts zu geben. Nach der Rechtsprechung des 2. Senats des BAG ist die Anhörung des verdächtigen Arbeitnehmers Wirksamkeitsvoraussetzung für jede Verdachtskündigung. Mauert der befragte Mitarbeiter, dann hat die Firma allerdings ihrer Anhörungspflicht genüge getan.

Auch der Tatverdacht kann eine Kündigung selbstverständlich nur dann begründen, wenn der Vorwurf erheblich ist. Dies setzt voraus, daß das Verhalten des Mitarbeiters jedenfalls dann zur Kündigung ausreichen würde, wenn der Tatvorwurf bewiesen wäre. Zudem muß, wie bei der Tatkündigung auch, ein Zusammenhang zwischen der Tat, deren der Mitarbeiter verdächtig ist, und der von ihm geschuldeten Arbeitsleistung bestehen.

Vor allem unter dem Blickwinkel der gemäß § 102 BetrVG erforderlichen Anhörung des Betriebsrates vor Ausspruch einer Kündigung, ist die Abgrenzung zwischen Verdachtskündigung und der Kündigung wegen einer nachgewiesenen Straftat von besonderer Bedeutung. Beides sind eigenständige Kündigungsarten, zu denen der Betriebsrat gesondert beteiligt werden muß. Hat der Arbeitgeber dies versäumt, dann scheitert ein Austauschen der Kündigungsgründe im Prozeß bereits an der fehlenden Betriebsratsanhörung. Von praktischer Bedeutung ist dies immer dann, wenn der Betriebsrat lediglich zur Kündigung wegen vollendeter Tat angehört wurde, vor Gericht nach einer Beweisaufnahme aber nur ein Tatverdacht übrig bleibt. Konsequenz der zu mageren Anhörung ist, daß der Arbeitgeber den Prozeß verliert.

Eine weitere Klippe beinhaltet die Verdachtskündigung für beide Vertragsparteien deshalb, weil bei ihrer richterlichen Prüfung nicht auf den Zeitpunkt des Zugangs der Kündigung beim Arbeitnehmer, sondern auf die letzte mündliche Verhandlung in der gerichtlichen Tatsacheninstanz, d. h. vor dem Landesarbeitsgericht, abzustellen ist. Gelingt es dem Arbeitnehmer also während des Prozesses, den ursprünglich vorhandenen dringenden Tatverdacht zu erschüttern oder zu beseitigen, dann gewinnt er den Prozeß, obwohl sich der Arbeitgeber bei Kündigungsausspruch auf einen hinreichenden Verdacht stützen konnte. Andererseits können später auftretende Verstärkungsgründe für den Tatverdacht die Position des Unternehmens entscheidend verbessern und die Verdachtskündigung nachträglich retten. Letztlich erhöht diese Einbeziehung neuer Entwicklungen aber das wirtschaftliche Risiko beider Prozeßparteien erheblich. Eine sachgerechte Risikoabwägung ist nämlich vor Einstieg in das Verfahren nur eingeschränkt möglich. **Deshalb bleibt die Verdachtskündigung eine gefährliche Waffe, die für den Arbeitgeber finanziell schnell zum Bumerang werden kann.**

4. Verdachtskündigung und Kündigung wegen erwiesener strafbarer Handlung erfordern zeitnahes Arbeitgeberhandeln!

Strafrechtlich gilt ein Tatverdächtiger als unschuldig, solange er nicht rechtskräftig verurteilt worden ist. Arbeitsrechtlich kann jedoch bereits der dringende Verdacht einer strafbaren Handlung zum Verlust des Arbeitsplatzes führen.
Nach ständiger Rechtsprechung des Bundesarbeitsgerichts ist nicht nur eine erwiesene Vertragsverletzung als Kündigungsgrund geeignet. Schon der Verdacht einer strafbaren Handlung oder einer sonstigen Verfehlung kann ein wichtiger Grund zur außerordentlichen, fristlosen Kündigung gegenüber dem verdächtigen Arbeitnehmer sein. Eine Verdachtskündigung liegt allerdings nur dann vor, wenn der Arbeitgeber seine Kündigung damit begründet, gerade der Verdacht eines noch nicht erwiesenen strafbaren Verhaltens habe das für die Fortsetzung des Arbeitsverhältnisses notwendige Vertrauen zerstört.
Dabei stellt der Verdacht einer strafbaren Handlung einen eigenständigen Anlaß zur Beendigung des Arbeitsverhältnisses dar. Daneben steht der weitere Kündigungsgrund, der sich aus dem Vorwurf ergibt, der Arbeitnehmer habe eine Straftat tatsächlich begangen. Bei der Tatkündigung ist für den Kündigungsentschluß maßgebend, daß der Arbeitnehmer nach der Überzeugung des Arbeitgebers die strafbare Handlung tatsächlich begangen hat und dem Unternehmen deshalb die Fortsetzung des Arbeitsverhältnisses nicht mehr zumutbar ist.
Der Arbeitgeber ist nicht verpflichtet, von der unter Umständen unsicheren Möglichkeit der Verdachtskündigung Gebrauch zu machen. Er kann auch abwarten, bis er eine auf die Tatbegehung selbst gestützte außerordentliche Kündigung aussprechen kann. Die Kündigung wegen erwiesener Straftat setzt aber voraus, daß der Arbeitgeber nicht nur Verdachtsmomente hat. Er muß vielmehr so sichere Kenntnis von den Tatumständen haben, daß er dem Mitarbeiter die Straftat im Prozeß auch konkret beweisen

kann. Sogar nach Scheitern einer Verdachtskündigung, z. B. wegen Fristversäumnis oder nicht hinreichend bewiesenem Tatverdacht, kann später eine Tatkündigung begründet sein, wenn sich durch ein Strafurteil herausstellt, daß der Arbeitnehmer die Straftat tatsächlich begangen hat.

Will das Unternehmen einen jeden vernünftigen Zweifel ausschließende sichere Kenntnis von der Tatbeteiligung des Arbeitnehmers erlangen, dann bleibt ihm in der Regel nichts anderes übrig, als den Ausgang des Strafverfahrens abzuwarten und danach eine Tatkündigung vorzunehmen. Nur so gewinnt es endgültige Klarheit darüber, ob der Betroffene die Tat begangen hat oder nicht. Wird dem Arbeitgeber der Ausgang des Ermittlungsverfahrens bzw. des Strafverfahrens bekannt, dann muß er jedoch zügig handeln. Innerhalb von 2 Wochen nach Kenntnisnahme durch die Firma muß die Kündigung dem Mitarbeiter zugegangen sein. Ansonsten ist sie gemäß § 626 Absatz 2 BGB verfristet und damit unwirksam.

Entsprechendes gilt auch für die Verdachtskündigung. Entschließt sich der Arbeitgeber, nachdem sich aufgrund konkreter Tatsachen bei ihm ein Anfangsverdacht entwickelt hat, zur Verdachtskündigung, dann muß er die Klärung zügig herbeiführen und binnen zwei Wochen nach Abschluß der Ermittlungen wegen Verdachts einer strafbaren Handlung kündigen.

Es steht dem Kündigenden zwar frei, anstelle eigener Ermittlungen, den Ausgang des Straf- oder Ermittlungsverfahrens abzuwarten. Das heißt aber *nicht,* daß der Arbeitgeber trotz eines hinlänglich begründeten Anfangsverdachts zunächst nichts tun darf, um dann spontan, ohne daß sich neue Tatsachen ergeben hätten, zu einem willkürlichen Termin Monate später neue Ermittlungen aufzunehmen und dann binnen zwei Wochen wegen Verdachts zu kündigen. Eine solche Vorgehensweise verstößt gegen § 626 Absatz 2 BGB und ist unzulässig.

Eine weitere Klippe ergibt sich für die Schnittstelle zwischen Tatkündigung und Verdachtskündigung bei der Anhörung des Betriebsrates gemäß § 102 BetrVG. Eine Anhörung der Arbeitnehmervertretung wegen einer Kündigung, die auf eine als erwiesen angesehene Straftat gestützt wird, deckt nicht zugleich die

Anhörung wegen einer auf den gleichen Sachverhalt gestützten Verdachtskündigung ab. Dies ist die konsequente Folge daraus, daß Verdachtskündigung und Tatkündigung unterschiedliche Sachverhalte darstellen. Der vorsichtige Arbeitgeber wird seinen Betriebsrat deshalb in der Regel zur Tatkündigung und vorsorglich und hilfsweise auch zur Verdachtskündigung anhören.

Die gebotene Eile zur Beachtung der Zwei-Wochen-Frist sollte jedoch keinen Arbeitgeber zu voreiligem Ausspruch einer Verdachtskündigung verleiten. Nach der ständigen Rechtsprechung des Bundesarbeitsgerichts ist die vorherige Anhörung des Arbeitnehmers zu den Vorwürfen Wirksamkeitsvoraussetzung für jede Verdachtskündigung. Versäumt es das Unternehmen, dem Betroffenen eine Gelegenheit zur Stellungnahme zu den Verdachtsmomenten zu geben, dann ist die Kündigung allein aus diesem Grunde unheilbar nichtig.

Ein weiterer Risikofaktor folgt für den Arbeitgeber im übrigen aus der Tatsache, daß es für die gerichtliche Überprüfung der Rechtmäßigkeit einer Verdachtskündigung nicht auf den Zeitpunkt des Ausspruchs der Kündigung ankommt. Im Gegensatz zu allen anderen Kündigungsarten ist hier auf den Termin der letzten mündlichen Verhandlung in einer Tatsacheninstanz der Arbeitsgerichtsbarkeit abzustellen. Der Arbeitnehmer hat also grundsätzlich bis zum letzten Verhandlungstermin vor dem Landesarbeitsgericht die Möglichkeit, den Tatverdacht auszuräumen oder maßgeblich abzuschwächen. Gelingt ihm dies, dann gewinnt er seinen Kündigungsschutzprozeß unabhängig davon, ob ursprünglich ein dringender Tatverdacht vorlag.

Aufgabe des Arbeitgebers bleibt es dann, dem zu Unrecht Verdächtigten für die meist mehrjährige Prozeßdauer die Vergütung nachzuzahlen.

Diese Unwägbarkeiten des Verfahrensausgangs sollten ausreichen, um den Arbeitgeber von der leichtfertigen Nutzung des Instruments der Verdachtskündigung abzuhalten. Diejenigen, die dennoch eine auf dringenden Tatverdacht gestützte Kündigung im Einzelfall für unumgänglich halten, sollten nicht nur das arbeitsrechtliche Instrumentarium beherrschen. Sie sollten sich auch des nicht vermeidbaren Restrisikos bewußt sein.

5. Die gefährliche Nebentätigkeit

Die persönlich haftenden Gesellschafter des angesehenen Bankhauses waren empört. Ein Top-Manager des Hauses hatte die Position des Vizepräsidenten bei dem für seine halsbrecherischen Finanzierungsmethoden bekannten Fußballbundesligisten übernommen. Man legte dem Banker nahe, das Anstellungsverhältnis durch eine Eigenkündigung zu beenden. Der Manager gehorchte, und eine streitige Auseinandersetzung über die Konsequenzen des vertraglich vereinbarten Nebentätigkeitsverbotes war überflüssig geworden.

Erkennbare Angstgefühle löste ein Münchner Taxifahrer bei seinem Fahrgast aus, als er diesem erzählte, daß er von Montag bis Freitag nur in der Nacht fahren könne. Schließlich habe er tagsüber schwere körperliche Arbeit bei einem LKW-Hersteller zu leisten. Die glückliche Ankunft am Hotel beendete das Nachdenken des Passagiers über Arbeitszeitordnung und unzulässige Nebentätigkeiten.

Der Politiker, der Vorstandsvorsitzende des Weltkonzerns und der Pop-Star hatten nur eines gemeinsam: ihr Hobby! Das Fallschirmgleiten bereitete ihnen größtes Vergnügen und trieb zugleich ihren Mitarbeitern und Geschäftspartnern den Angstschweiß auf die Stirn. Ihnen war im übrigen nicht bewußt, daß auch sie im rechtlichen Sinne eine Nebentätigkeit pflegten.

Der Begriff der Nebentätigkeit ist vom Gesetzgeber für das Arbeitsrecht nicht definiert worden. Literatur und Rechtsprechung betrachten als Nebentätigkeit jede Tätigkeit, die außerhalb des bestehenden Arbeits- oder Dienstverhältnisses bei einem anderen Arbeitgeber oder auf sonstige Weise ausgeübt wird. Dabei ist es unerheblich, ob die Nebentätigkeit auf der Grundlage eines Werk-, Dienst- oder Arbeitsvertrages erfolgt. Auch die Übernahme von Ehrenämtern, Gefälligkeiten oder politischen Funktionen stellt eine anderweitige Verwertung der Arbeitskraft dar. Selbst die unentgeltliche, ehrenamtliche Arbeit in Sportvereinen, Wohlfahrtsverbänden oder kirchlichen Organisationen ist rechtlich als Nebentätigkeit einzuordnen.

Abgesehen vom öffentlichen Dienst fehlt jede gesetzliche Aussage über die Zulässigkeit der Ausübung von Nebentätigkeiten. Ausgangspunkt für alle rechtlichen Überlegungen ist deshalb zunächst der einzelne Arbeitsvertrag. Da der Arbeitnehmer im Anstellungsvertrag regelmäßig nur die Verpflichtung eingeht, innerhalb einer festgelegten Arbeitszeit die vereinbarten Dienste zu erbringen, steht ihm die Verwendung seiner übrigen Arbeitskraft grundsätzlich frei. Enthält der Anstellungsvertrag eine Vertragsklausel, die dem Arbeitnehmer jede vom Arbeitgeber nicht ausdrücklich genehmigte Nebentätigkeit verbietet, dann ist diese Klausel nach der Rechtsprechung des Bundesarbeitsgerichts dahin auszulegen, daß nur solche Nebentätigkeiten verboten sind, an deren Unterlassung der Arbeitgeber ein berechtigtes Interesse hat.

Kollidiert die Nebentätigkeit zeitlich oder inhaltlich mit der Haupttätigkeit, dann ist sie nicht gestattet. Nebenjobs, die zeitlich mit der normalen Arbeitszeit des Mitarbeiters zusammenfallen, sind daher ebenso untersagt wie Wettbewerbstätigkeiten. Ansonsten ist aber selbst ein umfassendes vertragliches Nebentätigkeitsverbot im Hinblick auf Art. 12 GG dahin auszulegen, daß solche beruflichen Nebentätigkeiten erlaubt sind, bei denen eine Beeinträchtigung der Belange des Unternehmens nicht zu erwarten ist. Die nichtberuflichen Tätigkeiten sind entsprechend durch das gemäß Artikel 2 Absatz 1 GG gewährleistete Recht auf freie Entfaltung der Persönlichkeit geschützt und stehen dem Arbeitnehmer in gleichem Umfang frei.

Macht der Arbeitnehmer seinem Dienstherrn durch seine Nebentätigkeit Konkurrenz, dann ergibt sich der Vertragsverstoß für Handlungsgehilfen aus dem in § 60 HGB normierten vertraglichen Wettbewerbsverbot und für alle übrigen Beschäftigten durch die aus Treu und Glauben abzuleitenden entsprechenden vertraglichen Nebenpflichten. Ein Verstoß hiergegen rechtfertigt regelmäßig zumindest eine ordentliche verhaltensbedingte Kündigung. Im Einzelfall kommt in einer derartigen Situation sogar eine fristlose, außerordentliche Kündigung in Betracht. Das Unternehmen muß in diesem Zusammenhang jedoch neben der erfolgten Konkurrenztätigkeit auch das Fehlen einer vom Arbeitnehmer zur Verteidigung behaupteten Einwilligung darlegen und beweisen. Betrifft die Nebentätigkeit den wettbewerbsfreien Raum, dann bedarf es für ihre Untersagung grundsätzlich des Nachweises einer konkreten Beeinträchtigung der Arbeitgeberinteressen. Eine derartige Belastung ist relativ einfach darzulegen, wenn durch den Zusatzjob die Fähigkeit zur Erbringung der Arbeitsleistung herabgesetzt oder gestört wird. Dabei ist zu beachten, daß der Arbeitnehmer außerhalb der Arbeitszeit Zeiten zur Erholung und Entspannung benötigt. Tritt durch die Nebentätigkeit, z. B. durch nächtliches Taxifahren, eine Überbeanspruchung der körperlichen oder geistigen Kräfte des Arbeitnehmers ein, dann ist die Zusatzbelastung verboten. Ausschlaggebend sind hierbei stets die Umstände des Einzelfalles. Es kommt vorwiegend auf die Art und den Umfang der zu leistenden Arbeit, die Anforderungen der Nebentätigkeit und die persönliche Leistungsfähigkeit des Arbeitnehmers an.

Selbst ohne konkrete Behinderung der Arbeitsleistung kann ein Nebentätigkeitsverbot durch die arbeits- oder dienstvertragliche Rücksichtnahmepflicht gerechtfertigt sein. Auch ohne Reduzierung der individuellen Arbeitsleistung können die Belange des Betriebs nachteilig berührt sein. Gerade Führungskräfte sind gehalten, Nebentätigkeiten zu unterlassen, die geeignet sind, die berechtigten Interessen des Unternehmens zu belasten. Auch außerhalb von Tendenzunternehmen (Presse, privater Rundfunk und Fernsehen, Wohlfahrtsverbände) gebietet es die Rücksichtnahmepflicht von Managern, auf unseriöse Nebenaktivitäten im entgeltlichen oder unentgeltlichen Bereich zu verzichten. Welche Tätigkeiten hiernach verboten sind, hängt im Einzelfall vom Arbeitsgebiet und Ansehen des Unternehmens, der konkreten Nebentätigkeit und der Position bzw. dem Status des Betroffenen ab.

Der Verstoß des Arbeitnehmers kann zur fristlosen außerordentlichen Kündigung führen, wenn er ein rechtswirksam vereinbartes ausdrückliches Nebentätigkeitsverbot mißachtet hat. Da allerdings das Prozeßrisiko des Unternehmens insoweit gerade in der gebotenen Interessenabwägung besonders hoch ist, ziehen vorsichtige Arbeitgeber es vor, „zu fleißige" Mitarbeiter zunächst abzumahnen und ihnen erst danach die Kündigung ins Haus zu schicken. Unabhängig von der Frage der Genehmigungsbedürftigkeit muß der Arbeitnehmer eine entgeltliche Nebentätigkeit vor deren Aufnahme dem Arbeitgeber jedoch immer anzeigen. Die Rücksichtspflicht gebietet es, dem Unternehmen zumindest die Möglichkeit zu geben, Auswirkungen des neuen, zusätzlichen Engagements des Mitarbeiters auf dessen betrieblichen Einsatz zu prüfen. Anzeigefrei sind allein ehrenamtliche Tätigkeiten ohne jeden beruflichen Bezug, z. B. Vorsitz in der Klassen- oder Schulpflegschaft, die keine rechtlichen Auswirkungen auf den Arbeitgeber haben können.

6. Weitere Vertragsverletzungen

Während des rechtlichen Bestehens eines Arbeitsverhältnisses ist dem Arbeitnehmer jede Konkurrenztätigkeit zum Nachteil seines Arbeitgebers verboten. Aufgrund der arbeitsvertraglichen Treuepflicht greift diese Unterlassungspflicht auch dann ein, wenn der Arbeitsvertrag diesbezüglich keine ausdrücklichen Regelungen enthält. Der Mitarbeiter darf also im Marktbereich seines Arbeitgebers für Dritte keinerlei Dienste oder Leistungen erbringen. Für die Dauer des Arbeitsverhältnisses ist dem Arbeitnehmer jede Tätigkeit untersagt, die für seinen Dienstherrn Konkurrenz bedeuten würde.

Sogar durch den Ausspruch einer arbeitgeberseitigen, fristlosen Kündigung wird der Arbeitnehmer dann nicht von dem für die rechtliche Dauer des Arbeitsverhältnisses geltenden Wettbewerbsverbot befreit, wenn er die Kündigung für unwirksam hält und deshalb gerichtlich angreift. Solange der Mitarbeiter vor Gericht um den Erhalt seines Arbeitsplatzes kämpft, ist er gehalten, seinem bisherigen Arbeitgeber keine Konkurrenz zu machen. Verstößt er gegen diese Pflicht, dann liefert er seinem Prozeßwidersacher im Grundsatz einen neuen Kündigungsgrund. Ob in derartigen Fällen eine neue, fristlose Kündigung gerechtfertigt ist, hängt vom Grad des Verschuldens des Arbeitnehmers und von der stets notwendigen Interessenabwägung ab. Nach Ansicht des BAG macht es insoweit einen erheblichen Unterschied, ob der unwirksam gekündigte Arbeitnehmer eine abhängige Tätigkeit für eine bereits bestehende Konkurrenzfirma aufnimmt oder ob er selbst ein Konkurrenzunternehmen gründet. Die Arbeitsaufnahme bei einem Wettbewerber wird vor allem dann, wenn der Mitarbeiter auf Arbeitseinkommen angewiesen ist und wenn er aufgrund seiner Ausbildung und seiner Berufserfahrung außerhalb der Branche des Arbeitgebers kaum einsetzbar ist, von der Rechtsprechung als weniger schwerwiegend bewertet. Demgegenüber sieht der 2. Senat in der Gründung einer eigenen Firma den Beginn einer dauerhaften, während des Kündigungsschutzprozesses verbotenen Wettbewerbstätigkeit.

Soweit Nebentätigkeiten außerhalb des Geschäftsgebietes des Arbeitgebers stattfinden, sind sie in der Regel erlaubt. Beeinträchtigt der Nebenjob allerdings die Leistungsfähigkeit im Hauptberuf, dann kann der Arbeitgeber diese Aktivitäten untersagen. Hierbei kommt es nicht auf die Aufnahme eines Nebentätigkeitsverbotes in den Arbeitsvertrag, sondern allein auf die doppelbelastungsbedingten Minderleistungen an. Ständiges nächtliches Taxifahren eines Buchhalters kann deshalb ebenso zur Kündigung führen wie nächtliches Kellnern einer Büroangestellten, wenn die Leistung des Betreffenden im Hauptjob wegen der Mehrbelastung mangelhaft wird.

Selbst wenn die Vertragsverstöße des Mitarbeiters nicht zu zusätzlichen Nachteilen im Betrieb – z. B. zu Betriebsablaufstörungen, Beeinträchtigung des Betriebsfriedens oder -ordnung – geführt haben, bleiben sie kündigungsrelevant. Konkrete Betriebsstörungen können aber in der Interessenabwägung zusätzlich zu Lasten des Arbeitnehmers berücksichtigt werden.

Um derartige Kündigungen gerichtsfest zu machen, sollte ein vorsichtiger Arbeitgeber mindestens einmal, je nachdem wie lange der Arbeitnehmer bereits im Unternehmen tätig ist und wie evident die Minderleistungen sind, aber auch drei- bis viermal den Vertragsverstoß abmahnen.

Störungen des Betriebsfriedens, Beleidigungen und Bedrohungen des Arbeitgebers oder der Arbeitskollegen stellen ebenfalls einen Grund für eine verhaltensbedingte Kündigung dar. Zugunsten des Mitarbeiters ist in solchen Fällen aber immer zu beachten, ob die Auseinandersetzung vom Arbeitgeber mitverursacht war oder ob eine Provokation durch einen Kollegen dem Fehlverhalten vorausgegangen ist.

Sachlich, korrekt vorgetragene Kritik auf einer Betriebsversammlung ist demgegenüber kein Kündigungsgrund. Geht der Arbeitnehmer hierbei jedoch zu Schmähkritik über, indem er einem Vorgesetzten Gemeinheit, Schikane oder Günstlingswirtschaft vorwirft, dann steht er zur Kündigung an.

Gerade in Zeiten allgemeinen Personalabbaus denken Arbeitgeber mehr als früher über verhaltensbedingte Kündigungen von leistungsschwachen Mitarbeitern nach. Insoweit gilt, daß dann, wenn ein Arbeitnehmer nur unzureichende Arbeitsleistungen erbringt, eine Kündigung gerechtfertigt ist. Dabei bedarf es jedoch stets der vorherigen, erfolglosen Abmahnung des Betroffenen. Jede Kündigung wegen mangelhafter Arbeitsleistungen erfordert aber eine genaue Darlegung des Arbeitgebers, daß der Betroffene unterdurchschnittliche Leistungen erbringt, obwohl er mehr leisten könnte. Das Unternehmen muß also vortragen, welche Leistungen von einem durchschnittlichen Arbeitnehmer auf diesem Arbeitsplatz erbracht werden können und welche Minderleistungen der gekündigte Mitarbeiter demgegenüber in den letzten Monaten erbracht hat. Entscheidend sind insoweit also nicht die schlichte Bewertung durch die Vorgesetzten, sondern konkrete, nachvollziehbare Tatsachen, aus denen sich die Minderleistungen ergeben. Wenn ein Unternehmen derartige, nachvollziehbare Tatsachenbehauptungen nicht vortragen kann, bleibt die verhaltensbedingte Kündigung chancenlos.

Prüfungsabfolge für die verhaltensbedingte Kündigung:

- Zunächst bedarf es des Vorliegens eines die Kündigung rechtfertigenden Grundes. Dieser kann im Vertrauens- oder im Leistungsbereich liegen. Im letzteren Fall bedarf es grundsätzlich der vorherigen Abmahnung.

- Weiter müssen künftige Vertragsverstöße zu befürchten sein. Im Rahmen einer Interessenabwägung, die insbesondere die Sozialdaten des Arbeitnehmers berücksichtigt, ist dann zu prüfen, ob dem Arbeitgeber die Fortsetzung des Arbeitsverhältnisses dennoch zuzumuten ist.

- Abschließend bleibt zu prüfen, ob die Kündigung nach dem ultima-ratio-Prinzip nicht durch andere, mildere Maßnahmen, wie z. B. die Versetzung, vermieden werden kann.

Nach Beachtung aller dieser Punkte ist der Weg zur verhaltensbedingten Kündigung eröffnet. Zu beachten bleibt aber eines: **Da die gerechtfertigte verhaltensbedingte Kündigung für den Arbeitnehmer regelmäßig eine Sperrfrist für den Bezug von Arbeitslosengeld zur Folge hat, trifft sie den Mitarbeiter und seine Familie besonders hart. Verbissen geführte Kündigungsschutzprozesse sind die Folge dieser Situation. Dem Arbeitgeber ist daher zu raten, vor Ausspruch jeder verhaltensbedingten Kündigung sorgfältig zu prüfen, ob alle kündigungsrelevanten Tatsachen vor Gericht beweisbar sind und ob sie die beabsichtigte Maßnahme tragen. Die Arbeitnehmer sollten im Auge behalten, daß der Besitz eines Arbeitsplatzes derzeit ein wertvolles Gut ist, das man nicht durch Fehlverhalten gefährden sollte.**

C

Alkoholismus im Betrieb

Gerade zu den Festtagen und zur Jahreswende steigt der Alkoholkonsum in Deutschland erheblich. Viele betriebliche Vorweihnachtsfeiern sind mit übermäßigem Alkoholgenuß weiter Teile der Belegschaft verbunden. Der Kater für Mitarbeiter und Personalverantwortliche folgt allerdings dann, wenn Arbeitnehmer aufgrund alkoholbedingter Erkrankungen ausfallen. Dem späteren Streit um die Beendigung des Vertragsverhältnisses gehen häufig Meinungsverschiedenheiten über Lohnfortzahlungsansprüche des fehlenden Alkoholikers voraus.

Nach § 3 Absatz 1 Satz 1 Entgeltfortzahlungsgesetz behält ein Arbeitnehmer, der durch eine unverschuldete, krankheitsbedingte Arbeitsunfähigkeit an seiner Arbeitsleistung gehindert wird, den Anspruch auf Fortzahlung der Vergütung für einen Zeitraum von bis zu sechs Wochen. Von einer Arbeitsunfähigkeit infolge Krankheit geht die Rechtsprechung des BAG aus, wenn ein Krankheitsgeschehen den Mitarbeiter außer Stand setzt, die nach dem Arbeitsvertrag geschuldete Leistung zu erbringen. Entsprechendes gilt, wenn der Betroffene seine Arbeit nur mit dem Risiko fortsetzen könnte, seinen angegriffenen Gesundheitszustand zu verschlimmern.

Auch Alkoholabhängigkeit (Alkoholismus) ist eine Krankheit im Sinne von § 3 Entgeltfortzahlungsgesetz. Sie liegt vor, wenn der gewohnheitsmäßige, übermäßige Alkoholgenuß trotz besserer Einsicht nicht aufgegeben oder reduziert werden kann. Dabei ist nicht erforderlich, daß es schon zu deutlichen körperlichen oder psychischen Symptomen einer Vergiftung gekommen ist. Wesentliches Merkmal dieser Erkrankung ist die physische oder psychische Abhängigkeit vom Alkohol. Sie äußert sich vor allem im Verlust der Selbstkontrolle: Der Alkoholiker kann, wenn er zu trinken beginnt, den Alkoholkonsum nicht mehr kontrollieren, mit dem Trinken nicht mehr aufhören. Dazu kommt die Unfähigkeit zur Abstinenz: Der Alkoholiker kann auf Alkohol nicht mehr verzichten.

Auch wenn der Eintritt eines Krankheitsfalles in einer derartigen Situation regelmäßig zu bejahen ist, führt dies nicht automatisch zu einem Anspruch des Betroffenen auf weitere Vergütungsleistungen der Firma. Es muß zunächst aufgeklärt werden, ob den

Mitarbeiter an der Erkrankung ein Verschulden trifft. Schuldhaft im Sinne des § 3 Absatz 1 Satz 1 Entgeltfortzahlungsgesetz handelt derjenige, der gröblich gegen das von einem verständigen Menschen im eigenen Interesse zu erwartende Verhalten verstößt. Hierbei handelt es sich nach Auffassung der obersten Arbeitsrichter um ein „Verschulden gegen sich selbst". Begeht der Arbeitnehmer einen solchen Pflichtenverstoß, dann hält es das BAG für unbillig, den Arbeitgeber mit den Aufwendungen für die Entgeltfortzahlung zu belasten. Dabei ist zu beachten, daß ein Arbeitnehmer im Sinne der Entgeltfortzahlungsbestimmungen nicht mehr schuldhaft handeln kann, wenn die Erkrankung bereits eingetreten ist. Da die Abhängigkeit vom Alkohol es dem Patienten nicht mehr erlaubt, sich aus eigener Kraft von der Sucht zu lösen, ist ein Verschulden zu diesem Zeitpunkt ausgeschlossen. Der Schuldvorwurf muß sich daher zwingend auf ein Verhalten des Mitarbeiters *vor Eintritt* der Erkrankung, d. h. vor Beginn der Alkoholabhängigkeit, beziehen. Dies führt zu erheblichen Schwierigkeiten bei der Bestimmung des <u>Anknüpfungszeitpunktes</u> für die Prüfung der Verschuldensfrage. Dabei trifft den Arbeitgeber die Darlegungs- und Beweislast für ein Verschulden des Arbeitnehmers am Entstehen seiner krankhaften Alkoholabhängigkeit. Damit das Unternehmen dieser Verpflichtung nachkommen kann, bedarf es der Mitwirkung des Arbeitnehmers. Dieser muß aufgrund seiner arbeitsvertraglichen Treuepflicht alle Umstände, die für das Entstehen der Krankheit von Bedeutung sind, offenbaren. Verweigert der Erkrankte die entsprechende Aufklärung, dann verliert er seinen Entgeltfortzahlungsanspruch. Der Arbeitnehmer ist allerdings nicht verpflichtet, von sich aus diesbezügliche Erklärungen abzugeben. Der Arbeitgeber muß sich an den Mitarbeiter wenden und von diesem die Mitwirkung bei der Aufklärung der Entstehung der Alkoholerkrankung verlangen. Versäumt es das Unternehmen, diese Forderung an den Alkoholiker zu richten, dann bleibt der Entgeltfortzahlungsanspruch uneingeschränkt erhalten.

Eine Kündigung wegen Alkoholmißbrauchs kommt als verhaltensbedingte oder personenbedingte Kündigung in Betracht. Erscheint der Arbeitnehmer alkoholisiert am Arbeitsplatz und kommt es hierdurch zu Schlechtleistungen oder besteht eine Anweisung, nach der Alkohol im Betrieb generell verboten ist und hält der Arbeitnehmer sich nicht daran, so ist nach vorheriger Abmahnung der Ausspruch einer verhaltensbedingten Kündigung möglich. In diesen Fällen fragt sich, wie der Arbeitgeber den Nachweis der Alkoholisierung führen kann. Das BAG hat hierzu am 26. Januar 1995 Stellung genommen. In Konsequenz dieses Urteils ist es ausreichend, wenn der Arbeitgeber darlegt, der Arbeitnehmer habe durch bestimmte Indizien, wie z. B. Alkoholfahne, lallende Sprache oder ähnliches den Eindruck der Alkoholisierung erweckt. Diese Indizien müssen allerdings durch Zeugenaussagen unter Beweis gestellt werden.

Hat dagegen der Alkoholmißbrauch krankhaften Umfang angenommen, kommt nur eine personenbedingte Kündigung nach Maßgabe der oben unter A dargestellten Grundsätze der Krankheitskündigung in Betracht. Bei der gerichtlichen Überprüfung dieser Kündigung spielt die Frage des Verschuldens des Betroffenen nur im Rahmen der Interessenabwägung eine Rolle. Deren Beantwortung kann an dieser Stelle jedoch prozeßentscheidend sein.
Zunächst bedarf es einer negativen Gesundheitsprognose. Hierbei ist auf den Zeitpunkt der Kündigung abzustellen. Ist der Betroffene zu diesem Termin nicht bereit, eine Entziehungskur anzutreten, dann gehen die Gerichte davon aus, daß er von seiner Abhängigkeit in absehbarer Zeit nicht geheilt wird. Die negative Gesundheitsprognose ist dann gegeben, und auch ein späterer Sinneswandel – vor oder während des Arbeitsgerichtsprozesses – rettet den Arbeitsplatz nicht mehr. Die außerdem erforderliche betriebliche Beeinträchtigung kann beim Alkoholiker darin liegen, daß er ein Sicherheitsrisiko für sich selbst und andere im Betrieb darstellt. Daneben sind selbstverständlich etwaige Lohnfortzahlungskosten aufgrund krankheitsbedingter Fehl-

zeiten zu berücksichtigen. Bei der in der dritten Prüfungsstufe notwendigen Interessenabwägung kommt der Frage nach dem Verschulden am Alkoholismus des Mitarbeiters große Bedeutung zu. Kann dieser beweisen, daß er durch alkoholreiche, vom Arbeitgeber geduldete oder sogar angeregte Betriebsfeiern in die Krankheit abgerutscht ist, dann verschlechtern sich die Prozeßaussichten des Unternehmens erheblich. Eine klare Linie ist den Arbeitgebern insoweit auch in der Vorweihnachtszeit dringend zu empfehlen.

D

Betriebsbedingte Kündigung und Massenentlassung

1. Vom Arbeitgeber nachzuweisende „dringende betriebliche Erfordernisse"

Die schwierige Lage der deutschen Wirtschaft führt dazu, daß derzeit die Reduzierung der Personalkosten zum wichtigsten arbeitsrechtlichen Thema geworden ist. Dabei stehen Einsparungen durch eine Verkürzung der Arbeitszeit, verbunden mit entsprechenden Vergütungseinbußen der Arbeitnehmer, nur in Ausnahmefällen ernsthaft zur Diskussion. In der Regel lösen die Unternehmen ihre Personalkostenprobleme durch Personalabbau. Da die natürliche Fluktuation bei den meisten Firmen nicht ausreicht, um das notwendige Einsparvolumen zu erreichen, stehen Massenentlassungen durch betriebsbedingte Kündigungen bundesweit auf der Tagesordnung. Derartige Maßnahmen sind für alle Beteiligten mit großen Problemen verbunden.

Die Betriebsräte wissen, daß sie die Kündigungen nicht verhindern, sondern den Mangel nur verteilen können. Die Arbeitgeber befürchten, daß sie wegen der notwendigen Sozialauswahl die jungen und leistungsstarken Mitarbeiter opfern müssen und somit einer ungesunden Personalstruktur Vorschub leisten müssen. Den Arbeitnehmern ist bewußt, daß sie in einem Verdrängungswettbewerb stehen, den sie nicht durch Leistung, sondern nur durch Sozialdaten gewinnen können.

Im Gegensatz zur verhaltensbedingten oder personenbedingten Kündigung, werden anläßlich eines betrieblich bedingten Personalabbaus nämlich Mitarbeiter entlassen, die weder durch ihr Verhalten (z. B. schlechte Leistungen) noch durch in ihrer Person liegende Gründe (z. B. hohe krankheitsbedingte Fehlzeiten) Anlaß zur Beendigung des Arbeitsverhältnisses gegeben haben. Rechtsgrundlage für einseitige Maßnahmen des Arbeitgebers bildet die betriebsbedingte Kündigung gemäß § 1 Absatz 2 Kündigungsschutzgesetz (KSchG). Danach ist das Unternehmen gezwungen, darzulegen, daß es den oder die zur Kündigung vorgesehenen Mitarbeiter wirtschaftlich nicht mehr sinnvoll beschäftigen kann. Allein in einem solchen Fall stehen der weiteren Beschäftigung eines oder mehrerer Arbeitnehmer „**dringende betriebliche Erfordernisse**" entgegen.

Da bei der betriebsbedingten Kündigung allein Gründe aus der Sphäre des Unternehmens für den Verlust des Arbeitsplatzes verantwortlich sind, stellt der Gesetzgeber besonders strenge Anforderungen an die Darlegungs- und Beweislast des Arbeitgebers.

Dringende betriebliche Erfordernisse zur Rechtfertigung einer betriebsbedingten Kündigung können aus **innerbetrieblichen Umständen,** z. B. Rationalisierungsmaßnahmen, Umstellung oder Einschränkung der Produktion, oder durch **außerbetriebliche Ursachen,** z. B. Auftragsmangel, Umsatz- oder Gewinnrückgang, hergeleitet werden.

Trägt der Unternehmer vor, außerbetriebliche Gründe seien die Ursache für den Wegfall des Beschäftigungsbedürfnisses einzelner Arbeitnehmer, dann bindet er sich selbst an diese von ihm dargelegten Sachzwänge. Er muß in einer etwaigen gerichtlichen Auseinandersetzung dann nicht nur den Umsatzrückgang beweisen, sondern muß auch nachweisen, nach welcher Berechnungsmethode er die Anzahl der zu entlassenden Mitarbeiter errechnet hat. Zudem muß er erläutern, daß und warum der Umsatzrückgang gerade zum Wegfall des konkreten Arbeitsplatzes des Betroffenen geführt hat. Alle Tatsachenbehauptungen des Arbeitgebers unterliegen in diesem Falle der vollen inhaltlichen Nachprüfung durch das Arbeitsgericht.

Beruft sich demgegenüber ein Arbeitgeber ausschließlich auf innerbetriebliche Kündigungsgründe, dann ist seine Position deutlich besser. Stützt sich die Firma auf eine unternehmerische Organisationsentscheidung, die in ihren Konsequenzen zum Wegfall des Beschäftigungsbedürfnisses für mehrere Arbeitnehmer geführt hat, dann ist diese Maßnahme gerichtlich nur eingeschränkt überprüfbar. Das Arbeitsgericht darf dann nur kontrollieren, ob eine solche unternehmerische Entscheidung tatsächlich vorliegt und ob durch ihre Verwirklichung die Einsatzmöglichkeiten für einzelne Arbeitnehmer entfallen sind. Dagegen ist die Unternehmerentscheidung gerichtlich nicht auf ihre sachliche Rechtfertigung oder auf ihre Zweckmäßigkeit überprüfbar. Die

Gerichte sind insoweit allein auf eine Kontrolle hinsichtlich offenbarer Unvernunft oder Willkür beschränkt. Selbst diese Beschränkung läßt den Arbeitsrichtern jedoch die Möglichkeit, zu klären, ob die Organisationsänderung eine Kündigung notwendig macht oder ob das neue unternehmerische Konzept nicht auch durch andere Maßnahmen umgesetzt werden kann. Steht im Beschäftigungsbetrieb des Betroffenen oder in einem anderen Betrieb des Unternehmens ein anderer freier, gleichwertiger Arbeitsplatz zur Verfügung, dann ist der Arbeitgeber verpflichtet, den Mitarbeiter auf diese Position zu versetzen. In seiner Entscheidung vom 29. 3. 1990 hat das BAG allerdings klargestellt, daß ein Arbeitnehmer, dessen Arbeitsplatz weggefallen ist, nicht verlangen kann, auf einen freien, aber besser dotierten und fachlich qualifizierteren Arbeitsplatz versetzt zu werden.

Vor Ausspruch einer Beendigungskündigung muß der Arbeitgeber darüber hinaus an eine Änderungskündigung denken. Steht im Unternehmen zwar kein freier, gleichwertiger Arbeitsplatz, wohl aber eine freie, zwar schlechtere, aber doch zumutbare Position zur Verfügung, dann ist die Firma gehalten, zunächst eine Änderungskündigung vorzunehmen.

Einen konzernbezogenen Kündigungsschutz lehnt das Bundesarbeitsgericht demgegenüber ab. Ein Konzernarbeitgeber ist daher vor Umsetzung einer betriebsbedingten Beendigungskündigung nicht verpflichtet, den Einsatz des Betroffenen in einem anderen Konzernunternehmen zu erwägen. Nur in Ausnahmefällen ist eine konzernbezogene Betrachtungsweise notwendig. Hat ein anderes Konzernunternehmen die Übernahme angeboten oder war der Mitarbeiter für den Konzernbereich eingestellt, was z. B. durch eine entsprechende Versetzungsklausel deutlich werden kann, muß der Kündigungsschutz konzernweit betrachtet werden.

Im übrigen ist zu prüfen, ob die Kündigung durch Reduzierung von Überstunden im Betrieb, durch Kurzarbeit gemäß § 63 Arbeitsförderungsgesetz (AFG) oder durch Arbeitsstreckung verhindert werden kann. Kommen auch derartige Notlösungen nicht zum Tragen, ist dem Merkmal des „dringenden betrieblichen

Erfordernisses" genüge getan. Der Arbeitgeber hat den ersten Schritt zur Durchsetzung seiner betriebsbedingten Kündigung erfolgreich getan. Es bleibt jedoch zu klären, ob er die erforderliche „soziale Auswahl" korrekt durchgeführt hat.

2. Vom Arbeitnehmer nachzuweisende Fehler in der Sozialauswahl

Auch wenn dringende betriebliche Erfordernisse für die Kündigung eines oder mehrerer Arbeitnehmer vorliegen, sind die vorgenommenen Entlassungen nur dann gerechtfertigt, falls bei jeder einzelnen Maßnahme eine ordnungsgemäße Sozialauswahl erfolgt ist, § 1 Abs. 3 KSchG. Bei der Auswahl der zu kündigenden Arbeitnehmer müssen nämlich soziale Gesichtspunkte in ausreichendem Maße berücksichtigt werden. Die Beweislast für Fehler in der Sozialauswahl trifft hier den Arbeitnehmer.
Die korrekte Sozialauswahl ist allein auf die Arbeitnehmer des betroffenen Betriebes zu erstrecken. Sie ist nicht auf andere Betriebe des Unternehmens auszudehnen.
Um den Arbeitgebern bei der richtigen sozialen Auswahl zu helfen, hat das BAG drei Prüfungspunkte für die Vorgehensweise aufgestellt:

- welche Mitarbeiter sind miteinander vergleichbar?
- welche Gesichtspunkte sind bei der Gewichtung der Sozialdaten entscheidend?
- wann bieten besondere betriebliche Erfordernisse die Chance, einzelne leistungsstärkere Arbeitnehmer im Betrieb zu halten?

Der Kreis der in die Sozialauswahl einzubeziehenden Mitarbeiter muß vorrangig nach arbeitsplatzbezogenen Merkmalen bestimmt werden. Eine vollständige Deckungsgleichheit der Arbeitsplätze ist nicht erforderlich. Es müssen jedoch alle in die Auswahl einbezogenen Arbeitnehmer austauschbar sein. Sie müssen also nach ihren beruflichen Fähigkeiten und ihrer Ausbildung in der Lage sein, nach kurzer Einarbeitungszeit die andere, gleichwertige Aufgabe zu bewältigen. Es muß insoweit die sogenannte „horizontale Vergleichbarkeit" festgestellt werden. Eine vertikale Vergleichbarkeit und das damit verbundene „Job bumping" lehnt das Bundesarbeitsgericht ausdrücklich ab. Selbst wenn ein Abteilungsleiter vor Ausspruch einer Kündigung ausdrücklich erklärt, er sei bereit, auch als Sachbearbeiter zu arbeiten, bewahrt er sich seinen Arbeitsplatz nicht. Er ist auch dann nicht mit den ihm bislang unterstellten Sachbearbeitern vergleichbar. Dies hat die Konsequenz, daß das Entlassungsrisiko für Führungskräfte, die nur mit wenigen Kollegen ihrer Ebene vergleichbar sind, deutlich höher ist als das entsprechende Arbeitsplatzrisiko der übrigen Belegschaft.

Aus dem Kreis der vergleichbaren Mitarbeiter trifft die Kündigung denjenigen, der am wenigsten auf seinen Arbeitsplatz angewiesen ist. Seit dem 1. 10. 1996 bezeichnet das Gesetz ausdrücklich die sozialen Gesichtspunkte, die der Arbeitgeber bei der Auswahl des Arbeitnehmers zu berücksichtigen hat. Dies sind die drei Kriterien Dauer der Betriebszugehörigkeit, Lebensalter und Unterhaltspflichten des Arbeitnehmers (§ 1 Abs. 3 Satz 1 KSchG). Obwohl diese Kriterien auch vor der gesetzlichen Neuregelung als Hauptkriterien für die soziale Auswahl galten, verlangte das BAG doch zusätzlich eine Berücksichtigung individueller Besonderheiten im Sinne einer Feinabstimmung. Nach dem Wortlaut des neuen Gesetzestextes kommt eine Berücksichtigung weiterer Kriterien wie z. B. Familienstand, existenzsichernde Vermögensverhältnisse und Gesundheitszustand nicht mehr in Betracht.

Der neue Gesetzeswortlaut läßt nicht erkennen, wie die drei Kriterien zu gewichten sind. Zunächst kann mangels anderweitiger Anhaltspunkte in der gesetzlichen Regelung davon ausgegangen werden, daß dem Arbeitgeber, wie bisher von der Rechtsprechung zugebilligt, ein weiter Beurteilungsspielraum verbleibt. Eine Änderung dieser Rechtsprechung aufgrund der neuen Gesetzeslage ist insoweit nicht zu erwarten.

Eine weitere wichtige Änderung betrifft den dritten Prüfungspunkt, der es ermöglicht, einen sozial schützenswerten Arbeitnehmer dennoch vor einem anderen Arbeitnehmer zu kündigen, um berechtigten betrieblichen Interessen Rechnung zu tragen. Durch die Umformulierung der gesetzlichen Vorschrift (§ 1 Abs. 3 Satz 2 KSchG), *wonach in die soziale Auswahl Arbeitnehmer nicht einzubeziehen sind, deren Weiterbeschäftigung insbesondere wegen ihrer Kenntnisse, Fähigkeiten und Leistungen oder zur*

Sicherung einer ausgewogenen Personalstruktur des Betriebes im berechtigten betrieblichen Interesse liegen, werden deutlicher als bisher die betrieblichen Notwendigkeiten gegenüber der Sozialauswahl betont. Nachdem Arbeitgeber bislang recht selten mit betrieblichen Notwendigkeiten argumentiert hatten, wird es ihnen in Zukunft unter Hinweis auf die ausdrückliche Festschreibung des Kriteriums der ausgewogenen Personalstruktur leichter fallen, sich von älteren Arbeitnehmern im Betrieb zugunsten jüngerer Mitarbeiter zu trennen. Vorsicht geboten ist nach wie vor bei der Möglichkeit, leistungsstärkere Arbeitnehmer unter Hinweis auf § 1 Abs. 3 Satz 2 KSchG im Betrieb halten zu wollen. Irrt sich der Unternehmer nämlich in seiner Einschätzung der Bedeutung des Mitarbeiters für den Betrieb oder kommen die Arbeitsgerichte zu einer anderen Einschätzung, dann ist die gesamte, zuvor mühsam durchgeführte Sozialauswahl zerstört und alle Arbeitnehmer, die sozial schwächer sind als dieser eine, nicht entlassene Mitarbeiter, gewinnen ihren Kündigungsschutzprozeß.

Eine wichtige Neuerung für den Bereich von Auswahlrichtlinien gemäß § 95 BetrVG bringt die Anfügung eines vierten Absatzes an § 1 KSchG. Ist nämlich in einer solchen Auswahlrichtlinie festgelegt, wie die sozialen Gesichtspunkte nach Abs. 3 Satz 1 im Verhältnis zueinander zu bewerten sind, so kann die Bewertung von den Arbeitsgerichten allein auf *grobe Fehlerhaftigkeit* überprüft werden. Hierdurch wird den Betriebspartnern ein breiter Regelungsspielraum eingeräumt. Grobe Fehlerhaftigkeit ist nämlich erst dann gegeben, wenn die Betriebspartner beispielsweise entweder alle oder einige der drei Auswahlkriterien überhaupt nicht berücksichtigt haben, die Auswahlrichtlinie gegen gesetzliche oder tarifliche Bestimmungen verstößt oder sie eine offensichtliche Ungleichbehandlung der Arbeitnehmer enthält.
Nach § 1 Abs. 4 Satz 2 KSchG kann in Betrieben ohne Arbeitnehmervertretung der Arbeitgeber nunmehr mit Zustimmung von 2/3 der Arbeitnehmer solche Auswahlrichtlinien erlassen, die dann wiederum nur auf *grobe Fehlerhaftigkeit* von den Gerichten überprüft werden können.

Nicht unerwähnt bleiben soll die Anfügung eines Absatzes 5 an § 1 KSchG. Kommt es im Rahmen von Betriebsänderungen im Sinne von § 111 BetrVG zu Entlassungen, ist von der Rechtsprechung anerkannt, daß die Betriebspartner in einem Interessenausgleich/Sozialplan nach § 112 BetrVG die Gesichtspunkte bei der Sozialauswahl mit Hilfe eines Punkteschemas bewerten können. Der neue Absatz 5 von § 1 KSchG räumt nun darüber hinaus den Betriebspartnern die Möglichkeit ein, in einem Interessenausgleich praktisch die soziale Auswahl der Arbeitnehmer vorwegzunehmen und die Betroffenen *namentlich* im Interessenausgleich aufzuführen. Die derart stattfindende soziale Auswahl der Arbeitnehmer kann dann wiederum allein von den Gerichten auf *grobe Fehlerhaftigkeit* überprüft werden. Ferner wird mit der namentlichen Nennung im Interessenausgleich vermutet, daß die Kündigung des jeweiligen Arbeitnehmers durch dringende betriebliche Erfordernisse bedingt ist. Der betroffene Arbeitnehmer kann mithin die vermutete soziale Rechtfertigung seiner Kündigung nur noch dadurch zu Fall bringen, daß er diese Vermutung im Prozeß widerlegt. Im Normalfall der betriebsbedingten Kündigung trifft dagegen gemäß § 1 Abs. 2 Satz 4 KSchG den Arbeitgeber die Darlegungs- und Beweislast für das Vorliegen dringender betrieblicher Erfordernisse.

3. Besonderer Schutz für Betriebsräte

Die Mitglieder des Betriebsrates und die Arbeitnehmervertreter in den übrigen Organen der Betriebsverfassung, z. B. des Wahlausschusses, stehen gemäß § 15 KSchG unter einem besonderen Kündigungsschutz. Dies hat die Konsequenz, daß während der Dauer der Amtsperiode die ordentliche, fristgerechte Kündigung des Arbeitsverhältnisses durch den Arbeitgeber ausgeschlossen ist. Darüber hinaus genießen die Betriebsräte einen nachwirkenden Kündigungsschutz, der sie bis zum Ablauf eines Jahres nach Ende ihrer Amtszeit vor einer ordentlichen Kündigung schützt. Auch Nachrücker und stellvertretende Betriebsratsmitglieder, soweit sie nur als Vertreter für ein zeitweilig verhindertes Betriebsratsmitglied tätig geworden sind, können die Segnungen des § 15 KSchG für sich in Anspruch nehmen.

Grundsätzlich können die Unternehmen die Vertragsverhältnisse mit diesem Mitarbeiterkreis nur durch Kündigung beenden, wenn die Voraussetzungen für eine außerordentliche Kündigung nach § 626 BGB gegeben sind. Hinzu kommen muß dann außerdem die Zustimmung des Betriebsrates zu dieser Entlassung gemäß § 103 Absatz 1 BetrVG.

Verweigert der Betriebsrat diese Erklärung, muß der Arbeitgeber das Zustimmungsersetzungsverfahren gemäß § 103 Absatz 2 BetrVG vor dem Arbeitsgericht mit Erfolg betreiben. Ansonsten scheitert die beabsichtigte Kündigung bereits an den betriebsverfassungsrechtlichen Hürden.

Völlig anders ist die Situation jedoch, wenn ein Unternehmen zum Mittel der Betriebsstillegung bzw. der Teilbetriebsstillegung greifen muß. Nach § 15 Absatz 4 KSchG darf die Firma im Falle einer Stillegung des ganzen Betriebs auch Betriebsräten ordentlich kündigen. Als Beendigungszeitpunkt kommt in der Regel der Stillegungstermin in Betracht. Liegen zwingende betriebliche Erfordernisse hierfür vor, ist eine ordentliche Kündigung einzelner Betriebsräte auch schon zu einem früheren Zeitpunkt gestattet.

Bei Teilbetriebsstillegungen müssen gegebenenfalls betroffene Betriebsratsmitglieder nach § 15 Absatz 5 KSchG in andere Abteilungen übernommen werden. Scheitert ein solcher Wechsel aus betrieblichen Gründen, z. B. weil der Betroffene eine Tätigkeit ausübt, für die es im Restbetrieb überhaupt keine Einsatzmöglichkeit gibt, dann darf der Arbeitgeber dem Betriebsratsmitglied zu dem Zeitpunkt der Stillegung der Betriebsabteilung kündigen. Mit Urteil vom 13. August 1992 hat das BAG jedoch ausdrücklich klargestellt, daß ein Arbeitgeber, der innerhalb seines Unternehmens mehrere Betriebe führt, prüfen muß, ob nicht eine Weiterbeschäftigung der von einer Betriebsstillegung betroffenen Betriebsratsmitglieder in einem anderen Betrieb des Unternehmens erfolgen kann. Besteht trotz der Stillegung des Beschäftigungsbetriebs eine Weiterbeschäftigungsmöglichkeit in einem anderen Betrieb des Unternehmens, dann ist die Kündigung des Betriebsratsmitgliedes nicht durch „betriebliche Erfordernisse bedingt". Nach Ansicht des BAG sollen die Betriebsräte durch § 15 Absatz 4 KSchG einen verstärkten Schutz erhalten. Eine Beendigungskündigung muß daher ausscheiden, wenn eine Weiterbeschäftigung in einem anderen Betrieb des Unternehmens möglich ist. Auch wenn das Betriebsratsamt nach § 24 BetrVG betriebsbezogen ist, ändert dies nichts daran, daß einem Betriebsratsmitglied der unternehmensbezogene Kündigungsschutz zugute kommen muß.

Kann der Arbeitgeber dem betroffenen Betriebsrat den neuen Arbeitsplatz in dem anderen Betrieb nicht kraft seines Direktionsrechts zuweisen, dann muß er entweder eine einvernehmliche Vertragsänderung anstreben oder eine Änderungskündigung aussprechen. Lehnt das Betriebsratsmitglied allerdings das Änderungsangebot des Arbeitgebers vorbehaltslos ab, obwohl ihm unmißverständlich deutlich gemacht worden ist, daß ansonsten eine Beendigungskündigung des Arbeitsverhältnisses ansteht, dann ist die ordentliche Kündigung des Arbeitsverhältnisses zulässig. Diese Maßnahme bedarf auch nicht der Zustimmung des Betriebsrats nach § 103 BetrVG. Ein schlichtes Anhörungsverfahren gemäß § 102 BetrVG ist ausreichend. Im folgenden Kündigungsschutzprozeß ist das betroffene Betriebsratsmitglied chancenlos, da der Arbeitsplatz aufgrund der Stillegung weggefallen ist.

4. Betriebsänderungen und Sozialplanansprüche

Die Entscheidung darüber, ob ein Betrieb geschlossen wird oder ob die Produktion fortgesetzt werden soll, obliegt nach den gesetzlichen Bestimmungen allein dem Unternehmer. Die Möglichkeiten des Betriebsrates, auf diesen unternehmerischen Entscheidungsprozeß Einfluß zu nehmen, sind sehr gering. Eine arbeitsgerichtliche Kontrolle der freien Unternehmerentscheidung ist grundsätzlich ausgeschlossen.

Bei Betriebsänderungen, die den Umfang von Massenentlassungen erreichen, kann der Betriebsrat im Rahmen der Vorschriften der § 111 ff. BetrVG auf die Geschehnisse einwirken. Gelingt es dem Unternehmen nicht, Einigkeit mit dem Betriebsrat über die vorgesehene Betriebsänderung zu erzielen, dann sind Verhandlungen über einen Interessenausgleich zu führen. Verhandlungsgegenstand ist hierbei die Frage, ob die geplante Maßnahme überhaupt durchgeführt werden soll. Scheitern die Verhandlungen zwischen Arbeitgeber und Betriebsrat, muß die Einigungsstelle angerufen werden. In diesem Verfahren kann der Vorsitzende nur auf eine gütliche Einigung hinwirken. Der Interessenausgleich ist nicht erzwingbar. Der Einigungsstelle ist es untersagt, das Unternehmen durch eine streitige Entscheidung, d. h. durch einen Spruch, dazu zu verurteilen, die geplante Maßnahme nicht durchzuführen. Der Arbeitgeber ist jedoch gut beraten, wenn er frühzeitig Verhandlungen mit dem Betriebsrat über einen Interessenausgleich aufnimmt. Kommt dabei innerhalb angemessener Zeit kein Einvernehmen zustande, muß die Arbeitgeberseite schnellstens die Einigungsstelle anrufen. Mißlingt dort der Einigungsversuch, dann ist das Unternehmen berechtigt, die vorgesehenen Kündigungen auszusprechen. Das Beteiligungsrecht des Betriebsrates reduziert sich in dieser Situation auf die Anhörungen zu den einzelnen Kündigungen gemäß § 102 BetrVG. Schreitet der Arbeitgeber jedoch zu Kündigungsmaßnahmen, ohne zuvor einen Interessenausgleich gesucht

zu haben, drohen ihm gemäß § 113 BetrVG hohe Abfindungsforderungen der gekündigten Mitarbeiter.
Die Neuregelung des § 113 Absatz 3 BetrVG erleichtert es dem Arbeitgeber, Abfindungsforderungen zu entgehen. Während es aufgrund der alten Gesetzeslage darauf ankam, ob der Arbeitgeber beweisen konnte, daß er einen Interessenausgleich ernsthaft versucht hatte, hat der Gesetzgeber ihm diese Beweisführung nunmehr abgenommen, indem festgeschrieben wurde, daß der Interessenausgleich bereits dann versucht ist, wenn es innerhalb von 2 Monaten nach Beginn der Beratungen mit dem Betriebsrat oder einen Monat nach Anrufung der Einigungsstelle nicht zu einem Interessenausgleich gekommen ist. Konsequenz dieser Gesetzesänderung wird sein, daß der Unternehmer in Zukunft nur noch längstens drei Monate lang verhandeln muß und ihm damit bescheinigt wird, daß er einen Interessenausgleich mit dem Betriebsrat genügend gesucht hat. Der Sanktionscharakter von § 113 Absatz 3 BetrVG wird damit weitgehend aufgehoben.
Erheblich stärker ist die Position des Betriebsrates bei der Aufstellung eines Sozialplanes. Insoweit besteht ein erzwingbares Mitbestimmungsrecht. Durch den Sozialplan sollen die Mitarbeiter für die Nachteile entschädigt werden, die ihnen aufgrund der Betriebsänderung zugefügt werden. Hierbei kommt nicht allein eine Entschädigung für den Verlust des Arbeitsplatzes in Betracht. Auch Nachteile hinsichtlich der betrieblichen Altersversorgung, die Umzugskosten oder Fahrtkosten zu einem neuen, weiter entfernt liegenden Arbeitsplatz sollen durch Sozialplanleistungen möglichst ausgeglichen werden. Kernpunkt aller Sozialplanverhandlungen ist jedoch die Bestimmung der Kriterien, nach denen die Höhe der Abfindung für den Verlust des Arbeitsplatzes bei Massenentlassungen errechnet wird.
Erste Voraussetzung für die Erzwingbarkeit eines Sozialplanes ist allerdings, daß im Betrieb vor Einleitung der Betriebsänderung bereits ein Betriebsrat gewählt worden war. Ohne Betriebsrat gibt es keinen Sozialplan. Dabei ist der Betriebsrat nur in Betrieben mit mehr als 20 beschäftigten Mitarbeitern befugt, die Aufstellung eines Sozialplanes zu verlangen.
Bei der Ausgliederung von Betriebsteilen aus einem Großbetrieb

erlischt das Mandat des Betriebsrates für die ausgegliederten Betriebsteile. Versäumen die Arbeitnehmer die sofortige Neuwahl eines Betriebsrates für den neu entstandenen Betrieb, dann entfällt insoweit die Sozialplanpflicht.
Nicht jede Kündigungsmaßnahme macht die Aufstellung eines Sozialplanes erforderlich. Allein bei Vornahme einer Betriebsänderung, die wesentliche Nachteile für die Belegschaft oder Teile der Belegschaft zur Folge hat, ist die entsprechende Erforderlichkeit anzunehmen. Die Vorschrift des § 111 BetrVG enthält fünf Beispiele, die stets zur Betriebsänderung führen:

- Der gesamte Betrieb oder wesentliche Betriebsteile werden eingeschränkt oder stillgelegt.
- Der ganze Betrieb oder wesentliche Betriebsteile werden an einen anderen Ort verlagert.
- Der Betrieb wird mit einem anderen Betrieb zusammengefügt.
- Es wird eine grundlegende Änderung der Betriebsorganisation, des Betriebszwecks oder der Betriebsanlagen vorgenommen.
- Grundlegend neue Arbeitsmethoden oder neue Fertigungsmethoden werden eingeführt.

Daneben stellt die Entlassung einer größeren Anzahl von Mitarbeitern nach der Rechtsprechung des Bundesarbeitsgerichts selbst dann eine Betriebsänderung dar, wenn alle Betriebsmittel unverändert erhalten bleiben.
Ein Sozialplan ist nach § 112a Absatz 1 BetrVG jedoch bei reinem Personalabbau nur erzwingbar, wenn die folgenden Kündigungszahlen erreicht werden:

- in Betrieben mit mehr als 20 und weniger als 60 Beschäftigten 20 Prozent der Arbeitnehmer, mindestens jedoch 6 Arbeitnehmer;
- in Betrieben mit mindestens 60 und weniger als 250 Arbeitnehmern 20 Prozent der Beschäftigten oder mindestens 37 Mitarbeiter;
- in Betrieben mit mindestens 250 Arbeitnehmern und weniger als 500 Beschäftigten 15 Prozent der regelmäßig tätigen Mitarbeiter oder mindestens 60 Arbeitnehmer;

- in Betrieben mit mindestens 500 Arbeitnehmern 10 Prozent der regelmäßig Beschäftigten, jedoch zumindest 60 Mitarbeiter.

In die notwendigen Berechnungen sind nur die Kündigungen einzubeziehen, die aus betrieblichen Gründen erfolgen. Personen- oder verhaltensbedingte Entlassungen spielen insoweit keine Rolle. Demgegenüber sind Aufhebungsverträge und Eigenkündigungen der Mitarbeiter, die aus betrieblichen Gründen erfolgen, hinzuzurechnen.

Von der Anzahl der gekündigten Arbeitnehmer ist die Sozialplanpflicht aber nur dann abhängig, wenn die Betriebsänderung allein in der Entlassung von Mitarbeitern zu sehen ist.

Soweit daneben auch die Änderung von Produktionsmethoden und/oder Stillegungen zumindest von wesentlichen Betriebsteilen vorgesehen sind, ist selbst bei geringerer Anzahl der Betroffenen ein Sozialplan zu erstellen. Für neugegründete Unternehmen scheidet eine Sozialplanpflicht gemäß § 112a Absatz 2 BetrVG in den ersten 4 Jahren nach der Neugründung aus. In den ersten Jahren nach der Startphase soll diesen Betrieben das Risiko von Sozialplankosten erspart bleiben. Dies gilt allerdings nicht, wenn die Neugründungen nur mit der rechtlichen Neugliederung von Unternehmen und Konzernen in Zusammenhang stehen.

Übernimmt ein neugegründetes Unternehmen in den ersten 4 Jahren seines Bestehens einen bereits seit Jahren oder Jahrzehnten bestehenden Betrieb, dann bleibt eine innerhalb des Vier-Jahres-Zeitraums vorgenommene Betriebsänderung sozialplanfrei. Gründen Investoren also ein konzernfreies, neues Unternehmen, mit dem sie einen seit Jahren bestehenden Betrieb übernehmen, dann bleiben beim Scheitern dieses Versuchs Massenentlassungen von der Sozialplanpflicht befreit. In den übrigen Betrieben sind die Mitarbeiter vor Überrumpelungsaktionen des Arbeitgebers geschützt.

Als wesentlicher Teil des Sozialplanes sind die Abfindungsregelungen zu betrachten. Dabei hängt die Höhe der Abfindungen zunächst davon ab, welche Geldmittel für den Sozialplan zur Verfügung stehen, ohne die Existenz des Restbetriebes zu gefährden. Bei der Verteilung auf die gekündigten Mitarbeiter sind bei der Aufstellung einer Kündigungsrichtlinie gemäß § 95 BetrVG das Lebensalter, die Dauer der Betriebszugehörigkeit und die Unterhaltspflichten der Betroffenen in die Waagschale zu werfen. Diese drei Grundkriterien müssen in einem angemessenen Verhältnis zueinander Berücksichtigung finden.

Keine Ansprüche auf Sozialplanabfindungen stehen den leitenden Angestellten im Sinne des § 5 BetrVG zu. Da dieser Personenkreis nicht zu den Arbeitnehmern im Sinne des Betriebsverfassungsgesetzes zählt, greifen auch die Schutzbestimmungen dieses Gesetzes für diese Mitarbeiter nicht.

Demgegenüber können Arbeitnehmer, die sich auf Empfehlung des Arbeitgebers selber nach einem neuen Arbeitsplatz umgesehen und sodann selber gekündigt haben, Sozialplanansprüche geltend machen. Nach der aktuellen Rechtsprechung des BAG-Urteils vom 28. Oktober 1992 steht eine Sozialplanabfindung nach erfolgter Eigenkündigung dem Arbeitnehmer sogar dann zu, wenn ihm aufgrund einer Verbesserung der Auftragslage tatsächlich gar nicht gekündigt worden wäre.

Scheitern alle Versuche der Betriebspartner, sich einvernehmlich auf einen Sozialplan zu verständigen, dann muß die Einigungsstelle entscheiden. In diesem Verfahren sind Arbeitgeber und Betriebsrat gut beraten, wenn sie sich durch einen erfahrenen, ungebundenen Berater vertreten lassen. Fehlende Erfahrung und Unkenntnis des Verfahrensablaufes sind hierbei ebenso schädlich wie innerbetriebliche Bindungen.

Einigen sich die Betriebspartner auch im Einigungsstellenverfahren nicht, muß die Einigungsstelle durch Spruch entscheiden. Eine per Einigungsstelle zustandegekommene Betriebsvereinbarung ist zu unterzeichnen und im Betrieb auszuhängen. Die Regelungen des Sozialplanes gelten dann für alle Arbeitnehmer des Betriebs.

5. Der Vorrang der Änderungskündigung

Nach der älteren Rechtsprechung des BAG war der Arbeitgeber bei betriebsbedingtem Wegfall des Arbeitsplatzes zu einer Weiterbeschäftigung des Arbeitnehmers auf einem anderen freien Arbeitsplatz zu geänderten (schlechteren) Arbeitsbedingungen nur dann verpflichtet, wenn sich der betreffende Arbeitnehmer entweder vor oder unmittelbar nach Ausspruch der Kündigung bereiterklärt hatte, den Arbeitsplatz zu geänderten Konditionen zu übernehmen. Die vor oder unmittelbar nach der Kündigung erklärte Bereitschaft des Arbeitnehmers war Voraussetzung für eine mögliche Weiterbeschäftigung zu ungünstigeren Bedingungen. Diese Rechtsprechung hat das BAG seit dem Jahre 1984 aufgegeben. Nunmehr muß der Arbeitgeber nach dem Grundsatz der Verhältnismäßigkeit auch vor Ausspruch einer auf betriebsbedingte Gründe gestützten ordentlichen Beendigungskündigung von sich aus dem Arbeitnehmer eine zumutbare Weiterbeschäftigung auf einem freien Arbeitsplatz auch zu geänderten, d. h. für den Arbeitnehmer durchaus ungünstigeren Bedingungen anbieten. Er ist jedoch nicht verpflichtet, dem Arbeitnehmer einen freien, höher dotierten Arbeitsplatz anzubieten.

Der Arbeitgeber muß gegenüber dem Arbeitnehmer klarstellen, daß er bei Ablehnung des Änderungsangebotes eine Kündigung aussprechen werde und dem Arbeitnehmer eine Überlegungsfrist von einer Woche einräumen. Das Änderungsangebot kann der Arbeitnehmer sodann unter einem dem § 2 KSchG entsprechenden Vorbehalt annehmen. Geschieht dies, so muß der Arbeitgeber eine Änderungskündigung aussprechen. Lehnt hingegen der Arbeitnehmer das Änderungsangebot vorbehaltlos und endgültig ab, ist der Arbeitgeber befugt, eine Beendigungskündigung auszusprechen. Unterläßt es der Arbeitgeber, dem Arbeitnehmer vor Ausspruch einer Beendigungskündigung ein mögliches und zumutbares Änderungsangebot zu unterbreiten, so ist die Kündigung nach der Rechtsprechung des BAG sozial ungerechtfertigt, wenn der Arbeitnehmer im Kündigungsschutzprozeß vorträgt, daß er einem entsprechenden Vorschlag seitens des Arbeitgebers zumindest unter Vorbehalt zugestimmt hätte. Es gilt der Grundsatz des Vorrangs der Änderungskündigung vor der Beendigungskündigung.

Nicht erforderlich ist der Ausspruch einer Änderungskündigung, wenn der Arbeitgeber die beabsichtigten Änderungen der Arbeitsbedingungen durch die schlichte Ausübung seines Direktionsrechts erreichen kann. Aus dem Grundsatz der Verhältnismäßigkeit folgt, daß eine betriebsbedingte Kündigung unzulässig ist, wenn dem Arbeitgeber das mildere Mittel der Versetzung des Arbeitnehmers auf einen anderen Arbeitsplatz zur Verfügung steht. Welche Grenzen der Ausübung des Direktionsrechts gesetzt sind, richtet sich in erster Linie nach dem Arbeitsvertrag. Wird hierin die zu leistende Tätigkeit nur generalisierend beschrieben, wie z. B. kaufmännischer Angestellter oder Hilfsarbeiter, so können dem Arbeitnehmer im Wege des Direktionsrechts alle Arbeiten zugewiesen werden, die innerhalb des Betriebes von der bezeichneten Personengruppe zu leisten sind. Ein kaufmännischer Angestellter könnte etwa von der Arbeitsvorbereitung in die Buchhaltung umgesetzt werden. Die Zuweisung geringwertiger Tätigkeiten wird jedoch selbst dann nicht vom Direktionsrecht des Arbeitgebers erfaßt, wenn dem Arbeitnehmer die bisherige Arbeitsvergütung fortgezahlt wird. Die Zuweisung eines solchen Arbeitsplatzes wäre nur einvernehmlich oder aber durch Ausspruch einer Änderungskündigung möglich. Zu beachten ist, daß das allgemeine Direktionsrecht durch Gesetz, Tarifvertrag oder Betriebsvereinbarung erweitert werden kann. Enthält beispielsweise ein Tarifvertrag die Regelung, daß jeder Arbeitnehmer verpflichtet ist, andere ihm zugewiesene zumutbare Arbeiten und Tätigkeiten zu übernehmen und wird diese Regelung nicht gleichzeitig durch seinen individuellen Arbeitsvertrag eingegrenzt, so ergreift das Direktionsrecht in diesem Fall auch Arbeiten und Tätigkeiten, für die der betreffende Arbeitnehmer nicht eingestellt wurde. Nach ständiger Rechtsprechung des BAG darf das Direktionsrecht seitens des Arbeitgebers jedoch nur nach billigem Ermessen (§ 315 BGB) ausgeübt werden. Der Arbeitgeber muß bei

Ausübung des Direktionsrechts alle Umstände des Falles gegeneinander abwägen und die beiderseitigen Interessen, d. h. die Interessen des Arbeitnehmers einerseits und die berechtigten, betrieblichen Interessen andererseits angemessen berücksichtigen. Selbst bei weitgefaßter arbeitsvertraglicher Festlegung der vorzunehmenden Tätigkeit kann eine einseitige Veränderung der Tätigkeit durch den Arbeitgeber unzulässig sein, wenn hinsichtlich einer bestimmten ausgeübten Tätigkeit eine *Konkretisierung* eingetreten ist. Nach ständiger Rechtsprechung des BAG tritt eine Konkretisierung allerdings noch nicht dadurch ein, daß ein Arbeitnehmer längere Zeit bestimmte Tätigkeiten verrichtet. Vielmehr müssen noch zusätzliche Umstände hinzukommen, die den Schluß rechtfertigen, der Arbeitnehmer solle künftig nur noch mit dieser Tätigkeit oder dieser Art von Tätigkeiten beschäftigt werden. Solche Umstände können in der Übertragung von Führungsaufgaben oder in einer entsprechenden Zusage des Arbeitgebers liegen. Es ist jedoch darauf hinzuweisen, daß die Rechtsprechung das Merkmal der Konkretisierung eher eng auslegt, so daß Arbeitnehmern nicht geraten werden kann, sich bei Fehlen besonderer Umstände auf die Einschränkung des Direktionsrechts aufgrund eingetretener Konkretisierung zu berufen. Soweit jedoch eine Konkretisierung der Arbeitspflicht eingetreten ist, kann der Arbeitgeber Veränderungen nicht mehr einseitig aufgrund seines Direktionsrechts vornehmen. Erforderlich ist in diesem Fall die einvernehmliche Änderung des Arbeitsvertrages oder aber der Ausspruch einer Änderungskündigung.

Die Änderungskündigung ist eine echte Kündigung. Formal sind die selben Vorgaben einzuhalten wie für die Beendigungskündigung. Die Änderungskündigung muß insbesondere deutlich und unmißverständlich erklärt werden, wobei die gesetzlichen Kündigungsbeschränkungen und Kündigungsfristen beachtet werden müssen. Weiter muß der Arbeitgeber ein genau bezeichnetes Änderungsangebot unterbreiten, wobei deutlich darauf hinzuweisen ist, daß das Arbeitsverhältnis nicht fortbesteht, wenn das Angebot abgelehnt wird. Grundsätzlich müssen Kündigungserklärung und Änderungsangebot gleichzeitig erklärt werden. Der Arbeitnehmer kann das Angebot, zu geänderten Bedingungen weiterzuarbeiten, sodann unter dem Vorbehalt annehmen, daß die Änderung der Arbeitsbedingungen nicht sozial ungerechtfertigt ist, § 2 Satz 1 KSchG. Die Annahme des Änderungsangebotes unter Vorbehalt muß der Arbeitnehmer gegenüber dem Arbeitgeber spätestens innerhalb von 3 Wochen nach Zugang der Kündigung erklären, § 2 Satz 2 KSchG. Neben der Erklärung des Vorbehaltes bedarf es innerhalb der 3-Wochen-Frist des § 4 KSchG der Erhebung der Änderungsschutzklage. Wird diese Frist versäumt, so erlischt der vom Arbeitnehmer erklärte Vorbehalt.

Hat der Arbeitnehmer das Änderungsangebot unter Vorbehalt angenommen, so ist er nach Ablauf der Kündigungsfrist auch bei noch fortdauerndem Kündigungsschutzprozeß verpflichtet, zu den geänderten Bedingungen zu arbeiten.

Wie die Beendigungskündigung wird auch die Änderungskündigung daraufhin überprüft, ob sie sozial gerechtfertigt ist. In einem ersten Schritt ist zu ermitteln, ob Gründe in der Person oder in dem Verhalten des Arbeitnehmers oder dringende betriebliche Erfordernisse im Sinne von § 1 Abs. 2 KSchG das Änderungsangebot bedingen. In einem zweiten Schritt ist dann zu prüfen, ob sich der Arbeitgeber darauf beschränkt hat, solche Änderungen vorzuschlagen, die dem Arbeitnehmer zuzumuten sind.

Aus der Verweisung in § 2 Abs. 1 KSchG auf § 1 Abs. 3 Satz 1 und 2 KSchG folgt, daß auch bei betriebsbedingten Änderungskündigungen eine Sozialauswahl vorzunehmen ist. Allerdings gelten hier die Grundsätze des § 1 Abs. 3 KSchG in geänderter Form. Bei Änderungskündigungen sind nämlich nur Arbeitnehmer vergleichbar, die sowohl hinsichtlich der bisherigen Aufgaben austauschbar als auch in der Lage sind, die geänderten Arbeiten wahrzunehmen. Überdies beschränkt sich die Sozialauswahl nach Ansicht des BAG nicht auf einen Vergleich von Lebensalter, Dauer der Betriebszugehörigkeit und Unterhaltspflichten. Vielmehr ist bei der Änderungskündigung im Rahmen der Sozialauswahl zu prüfen, welchen Arbeitnehmern die angebotene Änderung der Arbeitsbedingungen eher zuzumuten ist. Daher muß bei der Abwägung bedacht werden, daß die Änderungskündigung auch mit einer Änderung der Vergütung und der Arbeitszeit verbunden ist. Zu berücksichtigen sind Umstände wie Vorbildung, persönliche Eigenschaften, Anpassungsfähigkeit und Gesundheitszustand, die jeweils ein verschiedenes Gewicht haben können. Nach Auffassung des BAG steht dem Arbeitgeber diesbezüglich ein „gewisser Wertungsspielraum" zu.

6. Der Schleudersitz im Konzernverbund

Politisch steht die europäische Vereinigung erst noch bevor. Wirtschaftlich sind jedoch bereits weltweite Netze geknüpft. Internationale Konzerne bestimmen in den meisten Branchen das Marktgeschehen. Auch deutsche Manager sind in der Bundesrepublik Deutschland und im Ausland für deutsche und internationale Konzerne tätig. Häufig ist ein derartiger Einsatz für den Fortgang der Karriere unerläßlich. Leider sind solche Jobs jedoch nicht ohne Risiko. Zum erleichterten Verständnis mögen folgende Beispiele dienen:
Seit September 1985 war Ralf Meier in Frankfurt/Main bei der S.-GmbH, einem deutschen Tochterunternehmen einer US-amerikanischen Brokerfirma, tätig. Neben der Zentrale in New York unterhielt die Konzernmutter eine Niederlassung in London. Herr Meier betreute als Abteilungsleiter den Rentenhandel der deutschen Tochterfirma. Neben Herrn Meier, dessen Grundgehalt 77.000,00 DM betrug, war in der Abteilung Rentenhandel noch eine Sachbearbeiterin, Frau Müller, mit einem Jahresgehalt von 60.000,00 DM beschäftigt. Frau Müller war erst im Jahre 1986 in das Unternehmen eingetreten. Sie war 17 Jahre jünger als ihr Vorgesetzter, ledig und kinderlos. Ab 1. Januar 1989 wurde für Herrn Meier und Frau Müller das für London geltende Gehaltssystem angewandt. Fachliche Anweisungen erhielt Herr Meier stets aus New York oder London. Urlaubsanträge und Krankmeldungen hatte er demgegenüber an die Personalabteilung des Betriebes in Frankfurt zu richten. Die dortige S.-GmbH war es auch, die ihm sein Gehalt auszahlte und Steuern sowie Sozialabgaben abführte.
Zum 30. Juni 1989 kündigte die S.-GmbH das Arbeitsverhältnis des Herrn Meier. Sie begründete diese Maßnahme mit der vollständigen Verlagerung des bisher von Frankfurt aus getätigten Rentengeschäfts nach London. Im Gegensatz zu ihrem Abteilungsleiter wurde Frau Müller in London in der dortigen Niederlassung der US-Muttergesellschaft weiterbeschäftigt.

Herr Meier erhob Kündigungsschutzklage. Er behauptete, auch für ihn sei ein freier Arbeitsplatz in London vorhanden. Er machte konzernweiten Kündigungsschutz geltend. Seine Klage blieb jedoch bis hin zum Bundesarbeitsgericht ohne Erfolg.

Hans-Herbert Kellner hatte seine Karriere 1961 als kaufmännischer Angestellter bei einem weltweit tätigen deutschen Konzern begonnen. Sein Aufstieg auf der Karriereleiter hatte ihn bis in die Position des GmbH-Geschäftsführers einer Konzerntochter mit ca. 3000 Mitarbeitern geführt. Ein Streit mit dem Finanzvorstand der Konzernmutter verursachte den jähen Absturz. Im Sommer 1984 berief der Aufsichtsrat der GmbH Herrn Kellner als Geschäftsführer ab.

Zu seinem Glück hat der Manager vor seinem Wechsel in die Organfunktion darauf bestanden, neben dem Anstellungsvertrag mit der GmbH auch das ursprüngliche Arbeitsverhältnis mit der Muttergesellschaft aufrechtzuerhalten. Dieses „ruhende Vertragsverhältnis" beinhaltete eine konzernweite Versetzungsklausel und sicherte ihm für den Fall seiner Ablösung als GmbH-Geschäftsführer die Rückkehr in eine adäquate Position in einem der Betriebe der Konzernobergesellschaft zu.

Leider gestaltete sich die Suche nach einem neuen Betätigungsfeld für Herrn Kellner nicht ohne Probleme. Eine ihm angebotene Abteilungsleiterstelle nahm der Manager nur unter dem Vorbehalt der gerichtlichen Überprüfung dieser Versetzung an. Als das Landesarbeitsgericht Köln rechtskräftig festgestellt hatte, diese Aufgabe sei der bisherigen Tätigkeit der Führungskraft nicht vergleichbar und deshalb sei Herrn Kellner dieser Job nicht zumutbar, stellte das Unternehmen den Manager unter Fortzahlung der Vergütung frei.

Inzwischen ist Herr Kellner im achten Jahr ohne tatsächliche Beschäftigung. Kündigen kann das Unternehmen das Arbeitsverhältnis nicht mehr, da der hier anwendbare Tarifvertrag für Mitarbeiter mit einer mehr als 15jährigen Beschäftigungszeit eine ordentliche Kündigung ausschließt und für eine außerordentliche Kündigung keinerlei Grund vorhanden ist. Das Unternehmen läßt sich die „rastlose Suche" nach einem angemessenen Job für den

Manager ca. 200.000,— DM Gehaltsfortzahlung pro Jahr kosten. Herr Kellner bemüht aus seiner finanziell gesicherten Position heraus seit Jahren die Arbeitsgerichte. Er möchte angemessen beschäftigt werden. Bislang ist sein Versuch, eine konkrete Beschäftigung durchzusetzen, leider erfolglos geblieben.

Nach der ständigen Rechtsprechung des Bundesarbeitsgerichts besteht für eine Kündigung ein dringendes betriebliches Erfordernis im Sinne des § 1 Absatz 2 Satz 1 KSchG, wenn aufgrund innerbetrieblicher oder außerbetrieblicher Gründe das Bedürfnis für die Weiterbeschäftigung eines Arbeitnehmers entfallen ist. Als außerbetriebliche Kündigungsgründe kommen insbesondere Auftragsmangel oder Umsatzrückgang in Betracht. Als beachtenswerte innerbetriebliche Umstände werden Unternehmerentscheidungen in bezug auf Rationalisierungsmaßnahmen oder auf Umstellung oder Einschränkung der Produktion vom BAG akzeptiert. Entschließt sich ein Unternehmen kraft seiner Entscheidungsfreiheit zu einer organisatorischen Maßnahme, die die Beschäftigung eines oder mehrerer Arbeitnehmer entbehrlich macht, dann ist dieser Schritt von den Gerichten nur eingeschränkt kontrollierbar. Voll nachprüfbar ist lediglich, ob eine solche unternehmerische Entscheidung tatsächlich vorliegt und ob durch ihre Umsetzung das Beschäftigungsbedürfnis für einzelne Arbeitnehmer konkret entfallen ist. Demgegenüber sind die Gerichte nicht berechtigt, zu untersuchen, ob die Entscheidung wirtschaftlich notwendig oder ob sie zweckmäßig ist. Nur bei offenbar unvernünftigen oder willkürlichen Unternehmerentscheidungen dürfen die Arbeitsrichter korrigierend eingreifen. Legt ein international tätiger Konzern seinen deutschen Betrieb vollständig still oder verlagert er bestimmte Aufgabenbereiche in das Ausland, dann sind die zugrundeliegenden Entscheidungen der Überprüfung durch die deutschen Gerichte entzogen. Die betroffenen Arbeitsplätze sind zum Zeitpunkt des Wirksamwerdens der Verlagerungsmaßnahme nicht mehr vorhanden. Im Falle des Herrn Meier war der Beschluß der Firma, in Frankfurt keinen Rentenhandel mehr zu betreiben, für das BAG bindend, da kein Anhaltspunkt für offenbare Willkür oder Unvernunft dieser

Entscheidung erkennbar war. Die Position des Abteilungsleiters Rentenhandel war ersatzlos entfallen.

Ist somit der bisherige Job eines Arbeitnehmers weggefallen, dann muß der Arbeitgeber prüfen, ob er den Mitarbeiter nicht an einem anderen freien Arbeitsplatz weiterbeschäftigen kann. Dabei erstreckt sich die Suche nach einer anderen, freien Position nicht nur auf den Beschäftigungsbetrieb, sondern auch auf andere Betriebe desselben Unternehmens. Da das Kündigungsschutzgesetz unternehmensbezogen ist, kommt es insoweit nicht darauf an, ob im Betrieb ein Betriebsrat besteht und ob dieser der Kündigung widersprochen hat. Wenn im Beschäftigungsbetrieb kein anderer freier Arbeitsplatz vorhanden ist und das Unternehmen auch keinen weiteren Betrieb unterhält, scheidet eine unternehmensbezogene Versetzungspflicht aus. Fehlt es außerdem an vergleichbaren, sozial stärkeren Mitarbeitern im, insoweit allein relevanten, Beschäftigungsbetrieb, dann bleibt kein Raum für eine soziale Auswahl gemäß § 1 Absatz 3 KSchG.

Die Sozialauswahl ist im übrigen für Führungskräfte regelmäßig nur ein schwacher Rettungsanker. In diese Prüfung sind nämlich nur Arbeitnehmer auf derselben Ebene der Betriebshierarchie einzubeziehen – sogenannte horizontale Vergleichbarkeit. Sie erstreckt sich selbst dann nicht auf Mitarbeiter anderer Ebenen – sogenannte vertikale Vergleichbarkeit –, wenn der Betroffene sich bereit erklärt hat, zu geänderten Vertragsbedingungen zu arbeiten. Im Falle Meier stand dem Manager auch kein Anspruch auf Weiterbeschäftigung bei der in London angesiedelten Niederlassung der Konzernmutter zu, obwohl seine bisherigen Tätigkeiten nunmehr vollständig von dort aus wahrgenommen wurden. Das Bundesarbeitsgericht lehnt in ständiger Rechtsprechung einen konzernbezogenen Kündigungsschutz grundsätzlich ab.

Somit ist ein Arbeitgeber vor Ausspruch einer betriebsbedingten Kündigung normalerweise nicht verpflichtet, eine anderweitige Unterbringung des Arbeitnehmers in einem anderen Konzernunternehmen zu versuchen. Eine konzernbezogene Betrachtung ist nur in Ausnahmefällen geboten. Eine solche Ausnahme ist anzunehmen, wenn sich ein anderes Konzernunternehmen ausdrücklich zur Übernahme des Mitarbeiters bereit erklärt hat. Entspre-

chendes gilt, falls der Anstellungsvertrag von vornherein eine Einstellung für den Konzernbereich vorsah oder eine konzernweite Versetzungsklausel beinhaltete. Bei einer derartigen Vertragsgestaltung ist der Arbeitgeber verpflichtet, vor Ausspruch einer Kündigung eine Beschäftigung in einem anderen Konzernbetrieb zu versuchen.
Auch eine entsprechende formlose Zusage oder betriebliche Übung kann geeignet sein, zu einer erweiterten Versetzungspflicht zu führen. Letzteres setzt allerdings voraus, daß der Beschäftigungsbetrieb aufgrund seiner Stellung im Konzern tatsächlich einen bestimmenden Einfluß auf die Versetzung hat und die Entscheidung nicht dem grundsätzlich zur Übernahme bereiten Unternehmen vorbehalten ist. Eine ausnahmsweise konzerndimensionale Anwendung des Kündigungsschutzes erfordert immer ein zusätzliches vertragliches Element. Dies kann ausdrücklich, konkludent oder aus dem Gesichtspunkt der Vertrauenshaftung zustande kommen. Fehlt es an einer schriftlichen Vereinbarung über ein konzernweites Versetzungsrecht, dann bedarf es zur Annahme eines entsprechenden Vertrauenstatbestandes konkreter Anhaltspunkte. Dabei ist z. B. an Fälle zu denken, in denen in der Vergangenheit mehrfach mit Zustimmung des Arbeitnehmers Versetzungen in andere Konzernunternehmen erfolgt sind. Ein Vertrauenstatbestand wird außerdem um so eher zu erwägen sein, wenn das Arbeitgeberunternehmen einen beherrschenden Einfluß im Konzern hat. Die Annahme eines Vertrauens auf Übernahme in ein rechtlich selbständiges anderes Konzernunternehmen kommt andererseits um so weniger in Betracht, als der Manager weiß, daß sein Arbeitgeber nicht die rechtlichen Möglichkeiten hat, eine Übernahme gegenüber dem übergeordneten Konzern durchzusetzen.
Im Falle Meier reichte es nicht aus, daß der Manager die fachlichen Weisungen stets aus London erhielt. Er blieb persönlich in den Betrieb seines Arbeitgebers in Frankfurt eingegliedert. Dieser erteilte ihm Urlaub, führte Sozialabgaben und Steuern ab, zahlte die Vergütung und nahm Krankmeldungen entgegen. In London hatte Herr Meier nie gearbeitet, und weil ihm auch bekannt war, daß sein Arbeitgeber als Tochterunternehmen keinen bestim-

menden Einfluß auf die Konzernmutter hatte, verweigerte das BAG dem Manager jeden konzernweiten Kündigungsschutz. Das Problem des Arbeitsplatzverlustes ist im Fall Kellner ohne Bedeutung. Der „Rückfallvertrag" sichert den Verbleib im Konzernverbund. Schwierigkeiten bereitet allein die Durchsetzung der tatsächlichen Beschäftigung, nachdem die Organfunktion als GmbH-Geschäftsführer einer Tochtergesellschaft ein Ende gefunden hat. Hier steht dem Arbeitgeber gemäß § 315 BGB das Recht und die Pflicht auf Zuteilung einer angemessenen Beschäftigung zu. Macht er hiervon keinen Gebrauch, dann sind die Arbeitsgerichte befugt, die Leistungsbestimmung an Stelle des Unternehmens vorzunehmen. Da Herr Kellner heute weiß, wie lange dies dauern kann, würde er in seinem nächsten Rückfallvertrag eine konkrete Auffangposition festschreiben lassen.

7. Wenn diese 12 Punkte berücksichtigt sind, steht einer Kündigung nichts mehr im Wege

I. Das dringende betriebliche Erfordernis

1. Besteht die Notwendigkeit, eine oder mehrere betriebsbedingte Kündigungen auszusprechen?

▶ Dazu das BAG:

„Der Senat hat stets geprüft, ob durch einen bestimmten inner- und außerbetrieblichen Grund ein Überhang an Arbeitskräften entstanden ist, durch den unmittelbar oder mittelbar das Bedürfnis zur Weiterbeschäftigung eines oder mehrerer Arbeitnehmer entfallen ist. Bei dieser Prüfung ist nicht auf einen bestimmten räumlich fixierten Arbeitsplatz abzustellen. Es kommt darauf an, ob mit einem geringeren oder veränderten Arbeitsanfall auch das Bedürfnis zur Weiterbeschäftigung für den gekündigten Arbeitnehmer oder innerhalb einer Gruppe vergleichbarer Arbeitnehmer gesunken ist."

2a) Liegen außerbetriebliche Gründe für die betriebsbedingte Kündigung vor?

▶ Dazu das BAG:

„Es können sich betriebliche Erfordernisse für eine Kündigung aus innerbetrieblichen Umständen (Unternehmerentscheidung, z. B. Rationalisierungsmaßnahme) oder durch außerbetriebliche Gründe (z. B. Auftragsmangel) ergeben. Ein Auftragsrückgang kann eine betriebsbedingte Kündigung rechtfertigen, wenn dadurch der Arbeitsanfall so zurückgeht, daß für einen oder mehrere Arbeitnehmer das Bedürfnis zur Weiterbeschäftigung entfällt. Behauptet der Arbeitgeber, bereits außerbetriebliche Gründe allein hätten das Bedürfnis für eine Weiterbeschäftigung entfallen lassen, bindet er sich an diese von ihm so gesehenen Sachzwänge. Das Gericht hat dann voll nachzuprüfen, ob die behaupteten Gründe tatsächlich vorliegen und ob sie sich entsprechend im Betrieb auswirken."

2b) Rechtfertigen innerbetriebliche Gründe die Maßnahme des Arbeitgebers?

▶ Dazu das BAG:
„Eine Betriebsstillegung, Teilbetriebsstillegung oder anderweitige Rationalisierungsmaßnahme stellen als unternehmerische Entscheidung einen innerbetrieblichen Umstand für ein betriebliches Erfordernis im Sinne des § 1 Absatz 2 Satz 1 KSchG dar. Wobei darauf hinzuweisen ist, daß ein außerbetrieblicher Grund, wenn er nicht selbst als Kündigungsgrund angeführt, sondern nur zum Anlaß für eine organisatorische Maßnahme genommen wird, den für innerbetriebliche Gründe geltenden Prüfungsmaßstab nicht verändert."

3. Bleibt die organisatorische, technische oder wirtschaftliche Unternehmerentscheidung der gerichtlichen Kontrolle entzogen?

▶ Dazu das BAG:
„Die Gerichte können Entscheidungen des Arbeitgebers über die Leitung des Unternehmens nicht auf ihre Zweckmäßigkeit überprüfen. Das gilt sowohl für die Entscheidungen, die der Unternehmer im Hinblick auf den Markt trifft, also etwa über die Hereinnahme oder Nichthereinnahme eines Auftrags, die Planung der Absatzgebiete, die Werbung sowie seine Einkaufspolitik und die Finanzierungsmethoden. Aber auch unternehmensinterne Entscheidungen über Fortführung oder Stillegung des Betriebs, seine Verlagerung, eine Betriebseinschränkung, die Änderung des Betriebszwecks oder Rationalisierungsvorhaben und Organisationsänderungen sind gerichtlich nicht auf ihre Zweckmäßigkeit oder wirtschaftliche Notwendigkeit zu untersuchen. Nur im Rahmen einer Mißbrauchskontrolle haben die Arbeitsgerichte zu überprüfen, ob die Maßnahme des Arbeitgebers offensichtlich unsachlich, unvernünftig oder willkürlich ist."

4. Macht das geänderte unternehmerische Konzept die Kündigung dringend erforderlich?

▶ Dazu das BAG:
„Die betrieblichen Erfordernisse müssen ‚dringend' sein und eine Kündigung im Interesse des Betriebs notwendig machen. Diese Voraussetzung ist erfüllt, wenn es dem Arbeitgeber nicht möglich ist, der betrieblichen Lage durch andere Maßnahmen auf technischem, organisatorischem oder wirtschaftlichem Gebiet zu entsprechen."

5. Wirkt sich die Interessenabwägung auch nicht ausnahmsweise zugunsten des Arbeitnehmers aus?

▶ Dazu das BAG:
„Aus der beschränkten Kontrolle der Unternehmerentscheidung folgt insbesondere auch, daß nicht zu prüfen ist, ob die vom Arbeitgeber aufgrund seiner Unternehmerentscheidung erwarteten Vorteile in einem ‚vernünftigen Verhältnis' zu den Nachteilen stehen, die der Arbeitnehmer durch die Kündigung erleidet."

6. Scheidet die Versetzung kraft Direktionsrechts auf einen freien, gleichwertigen oder mittels Änderungskündigung auf einen freien, schlechteren Arbeitsplatz aus?

▶ Dazu das BAG:
„Die Entlassung eines Arbeitnehmers wegen Wegfalls seines bisherigen Arbeitsplatzes kommt nicht in Betracht, wenn er auf einem anderen, freien, gleichwertigen oder schlechteren Arbeitsplatz in demselben oder in einem anderen Betrieb des Unternehmens weiterbeschäftigt werden kann. Eine konzernweite Versetzungspflicht besteht in Ausnahmefällen, wenn sie sich aus dem Arbeitsvertrag oder sonstigen Abreden der Vertragspartner ergibt. Als frei sind auch während der Kündigungsfrist frei werdende Arbeitsplätze anzusehen."

II. Die soziale Auswahl

7. Hat der Arbeitgeber alle vergleichbaren Arbeitnehmer in seine Überlegungen einbezogen?

▶ Dazu das BAG:
„Die Vergleichbarkeit der in die soziale Auswahl einzubeziehenden Arbeitnehmer richtet sich nach arbeitsplatzbezogenen Merkmalen und somit nach der bislang ausgeübten Tätigkeit. Es ist zu prüfen, ob der Arbeitnehmer, dessen Arbeitsplatz weggefallen ist, die Funktion des anderen Arbeitnehmers wahrnehmen kann. Das ist nicht nur bei Identität des Arbeitsplatzes, sondern auch dann der Fall, wenn der Arbeitnehmer aufgrund seiner Fähigkeiten und Ausbildung eine andersartige, aber gleichwertige Tätigkeit ausführen kann. Der Vergleich vollzieht sich insoweit auf derselben Ebene der Betriebshierarchie (horizontale Vergleichbarkeit)."

8. Verbleibt es beim Ausschluß der vertikalen Vergleichbarkeit?

▶ Dazu das BAG:
„Die vertikale Vergleichbarkeit zur Bestimmung des auswahlrelevanten Personenkreises ist ohne Einschränkung abzulehnen. Arbeitnehmer höherer oder niedrigerer Ebenen der Betriebshierarchie sind nicht als Vergleichspersonen in Betracht zu ziehen."

9. Erfolgte eine richtige Gewichtung der Sozialdaten aller in die Auswahl einzubeziehenden Mitarbeiter?

▶ Dazu das BAG:
„Gerichtliche Punktetabellen sind wegen fehlender Rechtsgrundlage für die Schaffung von Punktesystemen durch die Arbeitsgerichte als gesetzeswidrig zu betrachten. Vereinbaren jedoch Arbeitgeber und Betriebsrat Auswahlrichtlinien nach § 95 BetrVG für die soziale Auswahl, dann ist dies grundsätzlich nicht zu beanstanden. Nutzen die Betriebspartner ihren hier bestehenden Bewertungsspielraum dergestalt, daß sie der

Betriebszugehörigkeit der betroffenen Mitarbeiter erste Priorität einräumen und daneben die Unterhaltspflichten und das Lebensalter angemessen berücksichtigen, dann bedarf es zur korrekten Sozialauswahl nur noch einer abschließenden Feinauswahl durch Einzelfallbetrachtung seitens des Arbeitgebers."
(Beachte hierzu auch die gesetzliche Neuregelung des § 1 Absatz 4 KSchG.)

10. Stehen Gründe einer Auswahl nach sozialen Kriterien entgegen?

▶ Dazu das BAG:
„Leistungsunterschiede zwischen dem sozial besonders schutzwürdigen und dem sozial stärkeren Arbeitnehmer sind zu berücksichtigen, wenn die Weiterbeschäftigung des sozial stärkeren Arbeitnehmers im Interesse eines geordneten Betriebsablaufes erforderlich ist."

11. Ist das Unternehmen seiner Darlegungs- und Beweislast nachgekommen?

▶ Dazu das BAG:
„Der Arbeitgeber ist gemäß § 1 Absatz 2 Satz 4 KSchG verpflichtet, substantiiert die Gründe, die zur Unternehmerentscheidung geführt haben, darzulegen. Zudem hat er vorzutragen, wie sich diese Umstände auf den Arbeitsplatz des gekündigten Arbeitnehmers auswirken. Bestreitet der Arbeitnehmer nur den Wegfall seines Arbeitsplatzes, dann genügt der allgemeine Vortrag des Arbeitgebers, wegen der notwendigen Betriebsänderung sei eine Weiterbeschäftigung nicht möglich. Es obliegt jetzt dem Arbeitnehmer darzulegen, wie er sich eine anderweitige Beschäftigung vorstellt, wenn sein bisheriger Arbeitsplatz tatsächlich weggefallen ist. Erst danach muß der Arbeitgeber eingehend erläutern, aus welchen Gründen eine Umsetzung auf einen entsprechenden freien Arbeitsplatz nicht möglich ist.
Auch im Rahmen der sozialen Auswahl greift ein abgestuftes

System der Darlegungs- und Beweislast ein. Der Arbeitnehmer muß zunächst die Fehlerhaftigkeit der Sozialauswahl beanstanden. Benennt er andere, weniger schutzbedürftige Arbeitnehmer, dann muß er diesen Vortrag beweisen. Kann er dies nicht und fordert er deshalb den Arbeitgeber zur Offenlegung seiner Auswahlentscheidung auf, dann geht die Darlegungslast auf diesen über. Kommt der Arbeitgeber dem nach, verbleibt dem Mitarbeiter die Pflicht, die Fehlerhaftigkeit der Sozialauswahl darzulegen und zu beweisen."

12. Hat das Unternehmen den Betriebsrat ordnungsgemäß angehört?

▶ Dazu das BAG:
„Bei einer betriebsbedingten Kündigung gehören die dringenden betrieblichen Erfordernisse und die Umstände, die nach Ansicht des Arbeitgebers für die soziale Auswahl maßgebend sind, zu den Gründen, die dem Betriebsrat ohne dessen ausdrückliches Verlangen gemäß § 102 BetrVG mitzuteilen sind."

Fazit:
Kann ein Arbeitgeber in bezug auf einen oder mehrere zur betriebsbedingten Kündigung anstehende Mitarbeiter alle vorstehenden Fragen bejahen, steht der Durchführung seiner Kündigungsabsicht rechtlich nichts mehr im Wege. Unterläuft dem Arbeitgeber aber auch nur ein Fehler bei der Durchführung der betriebsbedingten Kündigung, kann der Arbeitnehmer die gesamte Kündigung zu Fall bringen und wird sich so seinen Arbeitsplatz erhalten.

E

Sonderkündigungsschutz

1. Der Kündigungsschutz der Schwerbehinderten

Das Schwerbehindertengesetz (SchwbG) sieht für schwerbehinderte Arbeitnehmer einen besonderen Kündigungsschutz vor. Dieser besteht darin, daß die Kündigung eines Schwerbehinderten der vorherigen Zustimmung der Hauptfürsorgestelle bedarf. Wird sie ohne Zustimmung ausgesprochen, ist die Kündigung gemäß § 134 BGB unheilbar nichtig. Das Erfordernis der vorherigen Zustimmung der Hauptfürsorgestelle gilt sowohl für die ordentliche und außerordentliche Beendigungskündigung als auch für jede Änderungskündigung. Für die Zustimmung der Hauptfürsorgestelle zur außerordentlichen Kündigung gelten zusätzlich besondere Regeln, insbesondere sind hier bestimmte Fristen einzuhalten.

Zum durch das Schwerbehindertengesetz geschützten Personenkreis gehören nur Arbeitnehmer, wozu auch Auszubildende und leitende Angestellte zählen. Ausgeschlossen ist der besondere Kündigungsschutz, wenn das Arbeitsverhältnis bei Zugang der Kündigung noch nicht länger als 6 Monate bestanden hat. Personen, die überwiegend aus religiösen oder karitativen Gründen beschäftigt werden, genießen ebenso wenig Sonderkündigungsschutz wie Personen, die zu ihrer eigenen Heilung, Wiedereingewöhnung oder Erziehung tätig werden.

Unter Schwerbehinderten sind Personen zu verstehen, die wegen eines körperlichen, geistigen oder seelischen Leidens nicht nur vorübergehend behindert sind, sofern ihre Beeinträchtigung einen Grad von mindestens 50 hat. Neben den eigentlichen Schwerbehinderten genießen den besonderen Kündigungsschutz des Schwerbehindertengesetzes aber auch Personen, die aufgrund behördlicher Entscheidung den Schwerbehinderten gleichgestellt sind. Diese Gleichgestellten sind Arbeitnehmer, die einen Grad der Behinderung von weniger als 50, aber wenigstens 30 aufweisen und denen eine besondere Schutzbedürftigkeit im Hinblick auf die Erhaltung oder Erlangung eines geeigneten

Arbeitsplatzes bescheinigt wird. Für die Entscheidung der Gleichstellung verlangt die Rechtsprechung, daß sich der betreffende Arbeitnehmer infolge seiner Behinderung nicht gegen Gesunde im Wettbewerb um einen Arbeitsplatz behaupten kann.
Unerheblich für das Eingreifen des besonderen Schutzes ist die Frage, ob dem Arbeitgeber die Schwerbehinderteneigenschaft seines Mitarbeiters bekannt ist. Ausschlaggebend ist allein, daß eine entsprechende Behinderung objektiv vorliegt und der Arbeitnehmer entweder schon über einen die Schwerbehinderung oder die Gleichstellung feststellenden Bescheid verfügt oder er vor Zugang der Kündigung einen entsprechenden Antrag gestellt hat. Unter diesen Voraussetzungen steht dem Schwerbehinderten, auch wenn der Arbeitgeber von der Schwerbehinderteneigenschaft oder der Antragstellung nichts wußte, im Falle der späteren Feststellung der Behinderung der volle Sonderkündigungsschutz zu.
Erforderlich ist nach der höchst richterlichen Rechtsprechung jedoch, daß er sich innerhalb einer Frist von einem Monat nach Zugang der Kündigung gegenüber dem Arbeitgeber auf die Schwerbehinderung beruft, wobei es ausreichend ist, daß die Mitteilung der Schwerbehinderung bzw. der Antragstellung gegenüber einem mit Schwerbehindertenfragen beauftragten Arbeitnehmer erfolgt und nicht gegenüber dem Arbeitgeber selbst. Grundsätzlich darf der Arbeitnehmer die Regelfrist zur Mitteilung an den Arbeitgeber von einem Monat voll ausschöpfen, d. h. die Mitteilung kann auch noch am letzten Tag erfolgen. Der Arbeitnehmer trägt jedoch die volle Beweislast für den rechtzeitigen Zugang seiner Mitteilung.
Als rechtsmißbräuchlich sieht das BAG auch nicht die Tatsache an, daß der Arbeitnehmer mit dem Stellen eines Antrages auf Feststellung der Schwerbehinderung bis kurz vor Ausspruch einer ihm drohenden Kündigung wartet. Bei einer solchen Sachlage müssen nach Auffassung der Kasseler Richter weitere Umstände hinzutreten, die das Verhalten des Arbeitnehmers als rechtsmißbräuchlich erscheinen lassen. Verzichtbar ist die ausdrückliche Berufung auf die Schwerbehinderteneigenschaft jedoch dann, wenn die Behinderung für den Arbeitgeber so leicht

erkennbar ist, daß sie als offenkundig angesehen werden kann. Erfolgt seitens des Schwerbehinderten keine rechtzeitige Mitteilung, greift der Sonderkündigungsschutz nicht ein mit der Folge, daß der Schwerbehinderte wie jeder andere Arbeitnehmer kündbar ist.

a) Das Zustimmungsverfahren bei der ordentlichen Kündigung

Um die Zustimmung zur ordentlichen Kündigung des Schwerbehinderten oder Gleichgestellten zu erhalten, bedarf es zunächst eines schriftlichen Antrages des Arbeitgebers bei der für den Sitz seines Betriebes oder seiner Dienststelle zuständigen Hauptfürsorgestelle (§ 17 SchwbG). Die Hauptfürsorgestellen halten spezielle Vordrucke für die Antragstellung bereit, in denen der Arbeitgeber Angaben über die Person des zu Kündigenden, dessen Sozialdaten sowie der konkreten Tätigkeit und des Kündigungsgrundes macht. Sodann holt die Hauptfürsorgestelle eine Stellungnahme des zuständigen Arbeitsamtes, des Betriebs- oder Personalrates und der Schwerbehindertenvertretung des Unternehmens ein. Ferner hat sie den Schwerbehinderten selbst zu hören. Die Entscheidung der Hauptfürsorgestelle wird aufgrund einer Abwägung der verschiedenen Interessen unter besonderer Berücksichtigung der Schutzwirkung des Schwerbehindertengesetzes und der Nachteile, die der Arbeitnehmer auf dem allgemeinen Arbeitsmarkt zu erwarten hat einerseits und unter Berücksichtigung des Interesses des Arbeitgebers an der Beendigung des Arbeitsverhältnisses andererseits gefällt. In bestimmten Fällen steht der Hauptfürsorgestelle jedoch kein Ermessen zu. Dies gilt insbesondere dann, wenn Kündigungen in Betrieben und Dienststellen erfolgen sollen, die nicht nur vorübergehend eingestellt oder aufgelöst werden. In einem solchen Fall muß die Hauptfürsorgestelle die Zustimmung erteilen. Ferner gibt es bestimmte Sollvorschriften, nach denen die Hauptfürsorgestelle die Zustimmung erteilen soll, so z. B. im Falle von größeren Entlassungen oder aber, wenn dem Schwerbehinderten ein anderer angemessener und zumutbarer Arbeitsplatz gesichert ist (§ 19 SchwbG).

Die Entscheidung der Hauptfürsorgestelle soll innerhalb eines Monats vom Tage des Antragseingangs an getroffen werden. Das Gesetz schreibt aber keine Verpflichtung der Hauptfürsorgestelle vor, die Entscheidung binnen Monatsfrist zu fällen, so daß eine spätere Entscheidung die Wirksamkeit der Beschlußfassung nicht hindert. Die Hauptfürsorgestelle muß dem Arbeitgeber und dem Schwerbehinderten sodann ihre Entscheidung zustellen. Wird die Zustimmung zur Kündigung erteilt, kann nunmehr vorbehaltlich der evtl. erforderlichen Beteiligung der Arbeitnehmervertretung die Kündigung ausgesprochen werden. Dies hat zwingend binnen Monatsfrist nach Zustellung des Bescheides zu erfolgen. Eine nach Fristablauf ausgesprochene Kündigung wäre unwirksam.

Bei der Entscheidung der Hauptfürsorgestelle handelt es sich um eine behördliche Entscheidung, die im normalen Verwaltungsverfahren mit dem Rechtsbehelf des Widerspruchs von beiden Teilen angegriffen werden kann. Hat der Widerspruch keinen Erfolg, so steht dem Arbeitnehmer, der sich gegen die Zustimmung der Hauptfürsorgestelle zur Wehr setzt, bzw. dem Arbeitgeber, dem die Zustimmung verweigert wurde, die Anfechtungsklage an das zuständige Verwaltungsgericht zu. Das SchwbG legt jedoch ausdrücklich fest, daß durch die Einleitung der genannten Rechtsbehelfe die Wirksamkeit der Entscheidung zunächst unangetastet bleibt. Dies hat für den Arbeitgeber die Konsequenz, daß er im Falle der erfolgten Zustimmung der Hauptfürsorgestelle die Kündigung ungeachtet eines evtl. Widerspruchs des Arbeitnehmers aussprechen kann. Folge kann dann sein, daß um die Wirksamkeit der Kündigung einerseits vor dem Arbeitsgericht gestritten wird, andererseits die Zustimmung der Hauptfürsorgestelle vor dem Verwaltungsgericht angegriffen wird. Wird dem Arbeitnehmer im Endeffekt im verwaltungsgerichtlichen Verfahren bescheinigt, daß die Zustimmung der Hauptfürsorgestelle zu seiner Kündigung zu Unrecht erteilt wurde, kann er ein bereits ergangenes, die Wirksamkeit der Kündigung feststellendes arbeitsgerichtliches Urteil mit der Maßgabe anfechten, daß es an der unabdingbaren Zustimmung der Hauptfürsorgestelle fehlte. Der Arbeitnehmer wird in diesem Fall die ausgesprochene Kündigung und das Urteil nachträglich zu Fall bringen. Für den Arbeitgeber hat dies die unangenehme Folge, daß er für die gesamte Prozeßdauer das Gehalt nachzahlen und den Mitarbeiter weiter beschäftigen muß.

Anderes hat für die ablehnende Entscheidung der Hauptfürsorgestelle zu gelten. Ohne die erforderliche Zustimmung kann der Arbeitgeber keine Kündigung aussprechen. Er muß in diesem Fall zunächst das Verwaltungsverfahren durchlaufen und gegebenenfalls Rechtsschutz vor den Verwaltungsgerichten in Anspruch nehmen. Spricht er trotz Fehlens der Zustimmung die Kündigung aus, ist der Arbeitnehmer gehalten, die zweifellos vorliegende Unwirksamkeit der Kündigung im arbeitsgerichtlichen Verfahren geltend zu machen. Die 3-Wochen-Frist zur Klageerhebung nach dem KSchG gilt hier nicht.

b) Das Zustimmungsverfahren bei der außerordentlichen Kündigung

Es gilt hier grundsätzlich das zur ordentlichen Kündigung Ausgeführte. Jedoch sind einige Besonderheiten zu beachten. In Parallele zu § 626 Abs. 2 BGB, der für eine außerordentliche Kündigung verlangt, daß der Arbeitgeber diese binnen zwei Wochen nach Kenntnis der für die Kündigung maßgebenden Tatsachen ausspricht, muß der Arbeitgeber bei der Kündigung eines Schwerbehinderten oder Gleichgestellten binnen zwei Wochen nach Kenntnis der für die Kündigung maßgebenden Tatsachen den Antrag zur Zustimmung zur Kündigung an die Hauptfürsorgestelle richten (§ 21 SchwbG). Die Hauptfürsorgestelle hat ihre Entscheidung sodann binnen zwei Wochen vom Tage des Ein-

gangs des Antrages an zu treffen. Sofern innerhalb dieser Frist keine Entscheidung getroffen wird, gilt die Zustimmung als erteilt.
Grundsätzlich hat die Hauptfürsorgestelle auch hier die unterschiedlichen Interessen abzuwägen und ist nicht an gesetzliche Vorgaben gebunden. Anderes gilt jedoch für den Fall, daß die Kündigung aus einem Grunde erfolgen soll, der nicht im Zusammenhang mit der Behinderung steht. Hier sieht das SchwbG vor, daß die Hauptfürsorgestelle in einem solchen Fall die Zustimmung erteilen *soll* (§ 21 Abs. 4 SchwbG). Ein Zusammenhang zwischen Gesundheitsbeschädigung und Kündigungsgrund liegt dann vor, wenn die Gesundheitsbeschädigung bei dem den Kündigungsgrund bildenden Verhalten eines Schwerbehinderten eine wesentliche Rolle gespielt hat. Liegt dieser Fall nicht vor, hat die Hauptfürsorgestelle im Normalfall die Zustimmung zu erteilen. Sie kann von der gesetzlichen Vorgabe, daß die Zustimmung erteilt werden soll, nur dann abweichen, wenn die Kündigung den Schwerbehinderten im Vergleich zu anderen Schwerbehinderten außerordentlich hart trifft. Eine Überprüfung des Kündigungsgrundes ist der Hauptfürsorgestelle in diesen Fällen verwehrt.
Nach Erteilung der Zustimmung durch die Hauptfürsorgestelle muß der Arbeitgeber die Kündigung unverzüglich, d. h. ohne schuldhaftes Zögern erklären. Auf den Ablauf der Frist des § 626 Abs. 2 Satz 1 BGB kommt es dann nicht an. Hat der Arbeitgeber die Anhörung seines Betriebs- oder Personalrates noch nicht vorgenommen, so muß er nunmehr sofort tätig werden und sodann unmittelbar nach Eingang der Stellungnahme bzw. nach Ablauf der Frist für die Stellungnahme die Kündigung erklären.
Wird die Zustimmung der Hauptfürsorgestelle verweigert, so muß der Arbeitgeber auch hier das Widerspruchsverfahren bzw. das gerichtliche Verfahren vor den Verwaltungsgerichten durchlaufen, um eine Kündigung aussprechen zu können. Der Arbeitnehmer kann bei erfolgter Zustimmung die außerordentliche Kündigung vor den Arbeitsgerichten angreifen. Daneben steht ihm Verwaltungsrechtsschutz gegen die Zustimmung der Hauptfürsorgestelle zur außerordentlichen Kündigung offen.

Entgegen weitverbreiteter Überzeugung bedarf es des komplizierten Prozedere zur Beendigung des Arbeitsverhältnisses mit dem Schwerbehinderten dann nicht, wenn das Unternehmen mit dem Schwerbehinderten einen Aufhebungsvertrag abschließt. Dieser kann nicht nur ohne Mitbestimmung der Arbeitnehmervertretung, sondern auch ohne Beteiligung der Hauptfürsorgestelle wirksam geschlossen werden. Auf seiten des Schwerbehinderten bietet es sich jedoch an, den Aufhebungsvertrag vor der Hauptfürsorgestelle zu schließen, um dem Risiko der Verhängung einer Sperrzeit durch das Arbeitsamt zu entgehen.

Darüber hinaus bleibt noch zu erwähnen, daß die Mitglieder der Schwerbehindertenvertretung gegenüber dem Arbeitgeber die gleiche persönliche Rechtsstellung, insbesondere den gleichen Kündigungsschutz genießen wie ein Mitglied des Betriebs- oder Personalrates. Mitglieder der Schwerbehindertenvertretung sind danach ordentlich nur im Falle einer Stillegung des gesamten Betriebes oder einer Betriebsabteilung kündbar, sofern sie nicht in einer anderen Abteilung weiter beschäftigt werden können. Außerordentlich können Mitglieder der Schwerbehindertenvertretung nur nach Zustimmung von sowohl Hauptfürsorgestelle als auch Betriebsrat gekündigt werden. Verweigert der Betriebsrat die Zustimmung, muß der Arbeitgeber das Beschlußverfahren auf Ersetzung der Zustimmung nach dem BetrVG einleiten.

Will ein Unternehmen bei einem neu einzustellenden Arbeitnehmer Überraschungen hinsichtlich einer Schwerbehinderung vermeiden, so sollte der Personalverantwortliche im Einstellungsgespräch ausdrücklich nach einer Schwerbehinderung fragen. Jedenfalls dann, wenn der Arbeitnehmer wegen der Behinderung die vorgesehene Arbeit nicht zu leisten vermag oder aber für ihn erkennbar ist, daß er infolge seiner Schwerbehinderung für den vorgesehenen Arbeitsplatz nicht in vollem Umfang leistungsfähig ist, muß der Bewerber diese Frage wahrheitsgemäß beantworten. Lügt der Arbeitnehmer, dann liegt in seinem Verhalten eine arglistige Täuschung im Sinne von § 123 BGB. Um sich von diesem Mitarbeiter zu trennen, muß das Unternehmen nicht den Weg über den Ausspruch einer Kündigung gehen. Vielmehr kann der geschlossene Arbeitsvertrag mit sofortiger Wirkung durch eine Anfechtung wegen arglistiger Täuschung beendet werden.

2. Der Kündigungsschutz während der Schwangerschaft und des Erziehungsurlaubes

Während einer Schwangerschaft und bis zum Ablauf von 4 Monaten nach einer Entbindung genießen Arbeitnehmerinnen den Sonderkündigungsschutz des MuSchG. Die Kündigungssperre (§ 9 MuSchG) gilt für Arbeits- und Ausbildungsverhältnisse und soll die werdende Mutter und die Wöchnerin vor den wirtschaftlichen Nachteilen schützen, die der Verlust des Arbeitsplatzes mit sich bringt. Daneben sollen seelische Belastungen vermieden werden, die aus dem Nebeneinander von Schwangerschaft und Arbeitslosigkeit entstehen können. Das Kündigungsverbot umfaßt sowohl außerordentliche und ordentliche Beendigungskündigungen als auch jede Änderungskündigung. Für das Eingreifen des Sonderkündigungsschutzes kommt es auf den Ausspruch der Kündigung während des geschützten Zeitraumes an. Unerheblich ist insoweit, wann das Arbeitsverhältnis unter Einbeziehung der Kündigungsfristen tatsächlich enden soll. Zur Feststellung, ob die Arbeitnehmerin zum Zeitpunkt des Ausspruchs der Kündigung tatsächlich schwanger war, ist vom Zeugnis eines Arztes über den voraussichtlichen Tag der Entbindung auszugehen und von diesem Tag 280 Tage zurückzurechnen.

Das Vorliegen einer Schwangerschaft oder Entbindung allein reicht für das Eingreifen des Kündigungsverbotes jedoch nicht aus. Hinzukommen muß, daß dem Arbeitgeber die Schwangerschaft oder Entbindung bei Ausspruch der Kündigung bekannt war oder ihm innerhalb von 2 Wochen nach Zugang der Kündigung mitgeteilt wird. Voraussetzung für das Eingreifen des Sonderkündigungsschutzes ist somit die rechtzeitige Unterrichtung des Arbeitgebers durch die Schwangere. Nach ständiger Rechtsprechung des BAG ist es hierbei nicht notwendig, daß die Frau innerhalb dieser Frist das konkrete Bestehen einer Schwangerschaft mitteilt. Es genügt vielmehr, wenn sie den Arbeitgeber rechtzeitig darüber informiert, daß sie vermutlich oder möglicherweise schwanger ist. Die hiermit verbundene Rechtsun-

sicherheit muß der Arbeitgeber hinnehmen. Versäumt die Arbeitnehmerin diese Mitteilungspflicht schuldhaft, obwohl sie bei Erhalt der Kündigung Kenntnis von ihrem Zustand hatte, ist der Sonderkündigungsschutz verloren. § 9 Abs. 1 2. Halbsatz MuSchG eröffnet der Arbeitnehmerin jedoch noch nach Ablauf der 2-Wochen-Frist die Möglichkeit, sich ihren Sonderkündigungsschutz zu erhalten, sofern die Fristüberschreitung auf einem von der Arbeitnehmerin nicht zu vertretenden Grund beruht und die Mitteilung unverzüglich nachgeholt wird. Dafür, daß sie ohne Verschulden die Mitteilungspflicht des § 9 MuSchG versäumt hat, ist die Schwangere darlegungs- und beweispflichtig. Verschuldet ist ein Fristversäumnis nach der Rechtsprechung des BAG regelmäßig dann, wenn es auf einen gröblichen Verstoß gegen das von einem verständigen Menschen im eigenen Interesse billigerweise zu erwartende Verhalten zurückzuführen ist. Die Schwangere kann sich den Sonderkündigungsschutz danach erhalten, wenn sie erst nach Ablauf der 2-Wochen-Frist von ihrer Schwangerschaft Kenntnis erlangt und dem Arbeitgeber unverzüglich Mitteilung macht. Schuldhaft handelt die Arbeitnehmerin jedoch dann, wenn sie trotz Kenntnis ihrer Schwangerschaft oder trotz zwingender Anhaltspunkte nichts zur Abklärung ihres Zustandes und zur Wahrung ihrer Rechte unternimmt.
Das BAG hat in einer neuen Entscheidung vom 13. 6. 1996 klargestellt, daß trotz Kenntnis der Arbeitnehmerin von dem Vorliegen einer Schwangerschaft noch eine rechtswahrende Mitteilung nach Fristablauf in Betracht kommen kann. Die Kasseler Richter hatten über den Fall zu entscheiden, daß eine Arbeitnehmerin kurz vor Urlaubsantritt erfuhr, daß sie schwanger war und ihr während des Urlaubes die Kündigung zuging. Nach der Rückkehr aus dem Urlaub war die 2-Wochen-Frist bereits abgelaufen gewesen. Das BAG sah das Fristversäumnis als unverschuldet an, da die Arbeitnehmerin bei Antritt ihres Urlaubes nicht mit einer Kündigung rechnen mußte. Durch unverzügliche Anzeige der Schwangerschaft nach Rückkehr aus dem Urlaub konnte sie sich den Sonderkündigungsschutz erhalten.

Die Arbeitnehmerin kann die Mitteilung einer Schwangerschaft auch durch Dritte, z. B. den Ehemann oder ihre Mutter abgeben lassen. Aus Beweisgründen kann dies ratsam sein. Erklärungsempfänger können neben dem Arbeitgeber alle Dienstvorgesetzten sein, die zu Personalentscheidungen befugt sind. Die Unterrichtung des Betriebsrates reicht zur Fristwahrung allerdings nicht aus.

Gerade bei einer nachträglichen Inanspruchnahme des Sonderkündigungsschutzes kommt es darauf an, daß die Arbeitnehmerin eindeutig erklärt, daß im Zeitpunkt der Kündigung eine Schwangerschaft bestanden habe oder zu diesem Termin nunmehr vermutet werde. Entscheidend ist insoweit der objektive Erklärungswert der Mitteilung. Diesem muß nach Inhalt und Umständen zu entnehmen sein, daß eine kündigungsrelevante Schwangerschaft behauptet wird. Wird eine derartige Mitteilung in unmittelbarem Anschluß an die Kündigung abgegeben, dann liegt darin regelmäßig die Erklärung, die Schwangerschaft habe schon bei Ausspruch der Kündigung bestanden. Etwas anderes gilt jedoch dann, wenn die Mitteilung erst in längerem zeitlichen Abstand zur Kündigung, insbesondere nach Ablauf der 2-Wochen-Frist erfolgt. Da ein Bezug zur Kündigung dann nicht mehr offensichtlich ist, kommt es im Zweifelsfall darauf an, wie das Unternehmen die Erklärung verstehen mußte. Dabei ist nach Ansicht des BAG zwischen einer rechtlich unerheblichen privaten Unterrichtung über „das freudige Ereignis" und einer arbeitsrechtlich bedeutsamen Information der Personalabteilung oder Geschäftsführung über eine kündigungsrelevante Schwangerschaft zu unterscheiden. Konsequenz der BAG-Rechtsprechung ist, daß jede schwangere Arbeitnehmerin, die erst nach Ablauf der mit Zugang der Kündigung beginnenden 2-Wochen-Frist erfährt, daß eine Schwangerschaft zum Kündigungstermin vorlag oder vermutet wird, ihren Arbeitgeber am besten schriftlich auf diese Tatsache hinweist und dabei vorsorglich auch deutlich macht, daß sie den Sonderkündigungsschutz des MuSchG in Anspruch nehmen wird. Auf diese Weise sichert sie sich auf jeden Fall ihre Rechte. Versäumt die Mitarbeiterin den Hinweis auf das Bestehen der Schwangerschaft zum Zeitpunkt der Kündigung oder die entsprechende Vermutung in ihrer nachträglichen Mitteilung, verliert sie den Sonderkündigungsschutz des MuSchG.

Eine entgegen dem Verbot des § 9 MuSchG ausgesprochene Kündigung ist unheilbar nichtig. Sie kann auch nicht rückwirkend geheilt werden oder als Kündigung für den Termin, für den sie nach Ablauf der Schutzfristen des MuSchG erstmalig wieder erfolgen könnte, aufrecht erhalten bleiben. Eine Ausnahme des absoluten Kündigungsverbotes sieht § 9 Abs. 3 MuSchG vor. Hiernach kann die für den Arbeitsschutz zuständige oberste Landesbehörde oder die von ihr bestimmte Stelle ausnahmsweise die Kündigung für zulässig erklären. Die Kündigung kann sodann nach erfolgter Zulässigkeitserklärung ausgesprochen werden. Ohne eine solche Zustimmung bleibt sie unwirksam.

Der Gesetzgeber hat nicht festgelegt, wann ein Ausnahmefall vorliegt, der die Zulässigkeitserklärung der Kündigung rechtfertigt. Die Existenz eines wichtigen Grundes für die Beendigung des Arbeitsverhältnisses entsprechend der Rechtsprechung zu § 626 BGB reicht allein jedenfalls nicht aus. Denkbar ist die Zulässigkeitserklärung bei schwerwiegenden Vertragsverletzungen durch massive strafbare Handlungen oder im Falle der Betriebsstillegung. Letztlich liegt die Entscheidung aber im pflichtgemäßen und nur eingeschränkt kontrollierbaren Ermessen der zuständigen Behörde.

Großes Verständnis haben die meisten Arbeitgeber für den Sonderkündigungsschutz der werdenden Mutter, wenn er von Arbeitnehmerinnen in Anspruch genommen wird, die seit Jahren im Unternehmen tätig sind. Bringen allerdings neu eingestellte Arbeitnehmerinnen ihre Schwangerschaft mit in das Arbeitsverhältnis, so reduziert sich das Verständnis auf ein Minimum. Viele Unternehmen sind deshalb dazu übergegangen, im Einstellungsgespräch oder im Personalfragebogen ausdrücklich nach einer vorliegenden Schwangerschaft zu fragen. Im Falle der wahrheitswidrigen Verneinung der Frage erfolgte regelmäßig die Anfechtung des Arbeitsvertrages wegen arglistiger Täuschung gemäß § 123 BGB. Diese Vorgehensweise ist nach den neueren Entscheidungen des BAG nicht mehr haltbar. In Umsetzung der

Rechtsprechung des europäischen Gerichtshofes haben die Kasseler Richter entschieden, daß die Frage nach der Schwangerschaft vor Einstellung einer Arbeitnehmerin in der Regel eine unzulässige Benachteiligung wegen des Geschlechts enthält und deshalb gegen das Diskriminierungsverbot des § 611a BGB verstößt. Das BAG hat damit klargestellt, daß die Frage nach dem Bestehen einer Schwangerschaft grundsätzlich unzulässig ist und deshalb auch ohne Rechtsnachteile für die Schwangere von dieser falsch beantwortet werden darf. Ein Anfechtungsrecht wegen Irrtums oder wegen arglistiger Täuschung scheidet hiernach aus.

Anders ist allerdings zu entscheiden, sofern die Frage nach der Schwangerschaft dem objektiven Schutz von Mutter und Kind dient. Der zweite Senat des BAG bejahte die Anfechtung des Arbeitsvertrages mit einer schwangeren Arzthelferin, die an ihrem Arbeitsplatz mit der Entgegennahme von gesundheitsgefährdenden Proben befaßt war und trotzdem nicht gezögert hatte, wahrheitswidrig im Bewerbungsgespräch das Bestehen einer Schwangerschaft zu bestreiten. Die Frage nach der Schwangerschaft war und ist jedenfalls zur Vermeidung einer Gesundheitsgefährdung bzw. bei vorliegendem Beschäftigungsverbot der Mitarbeiterin zulässig. Die vorsätzlich wahrheitswidrige Auskunft, nicht schwanger zu sein, berechtigt den Arbeitgeber unter diesen Umständen zur Anfechtung des Arbeitsvertrages wegen arglistiger Täuschung und damit zur sofortigen Vernichtung des Arbeitsvertrages.

Das Verbot der Beendigung des Arbeitsverhältnisses während der Schwangerschaft und nach der Entbindung gilt allein für die Kündigung des Arbeitgebers. Eine Eigenkündigung der Schwangeren sowie ein nach Eintritt der Schwangerschaft abgeschlossener Aufhebungsvertrag bleibt möglich. Hat die Arbeitnehmerin zu diesem Zeitpunkt keine Kenntnis von ihrer Schwangerschaft, so begründet diese Unkenntnis nicht das Recht, ihre Erklärungen anzufechten. Eigenkündigung bzw. Aufhebungsvereinbarung bleiben wirksam, auch wenn sich die Schwangere bei Kenntnis ihres Zustandes anders verhalten hätte. Anderes gilt hier allein dann, wenn der Arbeitgeber erkennen muß, daß es der Arbeitnehmerin bei der von ihr erklärten Kündigung maßgeblich auf das Fehlen der – ihr bislang unbekannten – Schwangerschaft ankam.

Eine dem MuSchG vergleichbare Absicherung gilt für Arbeitnehmerinnen, die Erziehungsurlaub in Anspruch nehmen. Gemäß § 18 BErzGG darf ein Arbeitgeber ab dem Zeitpunkt, von dem an Erziehungsurlaub verlangt wurde, höchstens jedoch 6 Wochen vor Beginn des Erziehungsurlaubes und während der Gesamtdauer des Erziehungsurlaubes das Arbeitsverhältnis nicht kündigen. Eine gleichwohl erklärte Kündigung ist unheilbar unwirksam. Ausnahmsweise kann auch hier in besonderen Fällen die für den Arbeitsschutz zuständige, oberste Landesbehörde oder die von ihr bestimmte Stelle die Kündigung für zulässig erklären.
Die allgemeinen Verwaltungsvorschriften des Bundesministers für Arbeits- und Sozialordnung zum Kündigungsschutz bei Erziehungsurlaub sehen als besondere Fälle, in denen die Zustimmung zur Kündigung während des Erziehungsurlaubes erteilt werden darf, unter anderem die Einstellung des Betriebes, die Auflösung einer Betriebsabteilung bei Fehlen einer anderweitigen Beschäftigungsmöglichkeit sowie die Verlegung des Betriebes vor. Daneben kann auch das Vorliegen besonderer Gründe in der Person oder in dem Verhalten des Arbeitnehmers die Kündigung rechtfertigen. Wie auch beim Mutterschutz wird hier ein strenger Maßstab anzulegen sein.
Die Kündigungsverbote nach dem MuSchG und BErzGG bestehen nebeneinander. Dies hat zur Folge, daß der Arbeitgeber bei Vorliegen von Mutterschaft und zusätzlich Erziehungsurlaub für die Kündigung der Zulässigkeitserklärung nach beiden Gesetzen bedarf.

Für die Geltendmachung des Sonderkündigungsschutzes beider Gesetze bedarf es nicht der Einhaltung der 3-Wochen-Frist zur Klageerhebung des Kündigungsschutzgesetzes. Der allgemeine Kündigungsschutz des Kündigungsschutzgesetzes bleibt in vollem Umfang nebenher anwendbar, so daß eine Kündigung in Anwendung unterschiedlicher Gesetze zur Überprüfung gestellt werden kann.

3. Der Kündigungsschutz der Betriebsräte

Entgegen weitverbreiteter Meinung sind auch Betriebsräte arbeitsrechtlich nicht völlig unantastbar. Begehen sie einen schweren Vertragsverstoß, so müssen sie, wie jeder andere Arbeitnehmer auch, mit einer Abmahnung und gegebenenfalls mit einer Kündigung des Arbeitsverhältnisses rechnen. Richtig ist jedoch, daß die Mitglieder des Betriebsrates und die Angehörigen der anderen Organe der Betriebsverfassung und der Personalvertretung einen besonderen Kündigungsschutz genießen. Dieser dient einem doppelten Zweck: Er hat zum einen die Aufgabe, den Arbeitnehmern die Furcht vor möglichen Repressalien ihres Arbeitgebers wegen ihrer betriebsverfassungsrechtlichen Tätigkeit zu nehmen. Zum anderen soll gewährleistet sein, daß das jeweilige Gremium der Arbeitnehmervertretung für die Dauer einer Wahlperiode möglichst unverändert erhalten bleibt.
Neben den Mitgliedern des Betriebsrates sind auch die Mitglieder einer Jugend- und Auszubildendenvertretung, einer Bordvertretung oder eines Seebetriebsrates sowie eines Wahlvorstandes durch § 15 KSchG geschützt. Während sich die Wahlbewerber für den Betriebsrat ebenfalls auf diese Vorschrift berufen können, haben die Mitglieder des Wirtschaftsausschusses, die Bewerber für den Wahlvorstand, die Mitglieder einer Einigungs- oder Schlichtungsstelle oder die gewerkschaftlichen Vertrauensleute keinen Sonderkündigungsschutz, wenn sie nicht zugleich dem Betriebsrat angehören. Ebenfalls außerhalb dieses Sonderkündigungsschutzes stehen die Mitglieder des Sprecherausschusses der leitenden Angestellten.

Inhalt des Sonderkündigungsschutzes ist der Ausschluß der Möglichkeit einer ordentlichen Kündigung der genannten Arbeitnehmer. Der Ausspruch einer außerordentlichen Kündigung ist zulässig, wobei jedoch erforderlich ist, daß der Betriebsrat der außerordentlichen Kündigung zugestimmt hat oder aber dessen Zustimmungsverweigerung durch das Arbeitsgericht ersetzt worden ist. Betriebsratsmitglieder können den Sonderkündigungsschutz für die Dauer ihrer regelmäßig vierjährigen Amtszeit in Anspruch nehmen. Danach beginnt ein nachwirkender Kündigungsschutz von einem Jahr. Geschickte Betriebsräte beziehen selbst ihre Ersatzmitglieder in die Betriebsratsarbeit und damit in den Sonderkündigungsschutz ein, indem sie diese als Vertreter für erkrankte oder beurlaubte Kollegen an Sitzungen teilnehmen lassen. Nach Beendigung der Vertretungstätigkeit greift auch für das aktiv gewesene Ersatzmitglied eine Nachwirkung von einem Jahr ein. Die Mitglieder des Wahlvorstandes sind von ihrer Bestellung an bis zur Bekanntgabe des Wahlergebnisses geschützt. Danach genießen sie für 6 Monate nachwirkenden Kündigungsschutz. Der Wahlbewerber ist mit Aufstellung des Wahlvorschlages bis zur Bekanntgabe des Wahlergebnisses auf sicherem Boden. Darüber hinaus gewährt das Gesetz auch ihm einen 6monatigen nachwirkenden Schutz.

Neben der ordentlichen Beendigungskündigung ist gegenüber den Betriebsratsmitgliedern auch jede ordentliche Änderungskündigung ausgeschlossen. Das Verbot der Verschlechterung der Arbeitsbedingungen der besonders geschützten Arbeitnehmervertreter durch Ausspruch einer Änderungskündigung bleibt nach Ansicht des BAG selbst dann bestehen, wenn alle anderen Arbeitnehmer des Betriebes oder der Betriebsabteilung diese Maßnahme hinnehmen mußten. Gemäß § 15 Abs. 4 KSchG ist jedoch die ordentliche, betriebsbedingte Kündigung gegenüber einem Arbeitnehmervertreter zulässig, wenn der Arbeitgeber den ganzen Betrieb stillegt. Hintergrund dieser Ausnahmevorschrift ist, daß die freie unternehmerische Entscheidung zur Betriebsstillegung auch durch den Sonderkündigungsschutz nicht beeinträchtigt werden soll. In diesem Fall ist die Kündigung mit ordentlicher Frist zum Stillegungstermin auszusprechen. Bei einer schrittweisen Einschränkung der Betriebstätigkeit sind die Betriebsräte mit der letzten Gruppe zu entlassen, es sei denn, eine frühere Kündigung ist durch zwingende betriebliche Gründe bedingt, weil es keine sinnvolle Arbeit für das Betriebsratsmitglied mehr gibt. Gemäß § 15 Abs. 5 KSchG ist im Falle der Stillegung einer Betriebsabteilung das Betriebsratsmitglied grundsätzlich in eine andere Abteilung zu übernehmen. Notfalls muß dort einem ungeschützten Arbeitnehmer gekündigt werden. Scheidet allerdings ein Einsatz in einem anderen Bereich aus, darf die ordentliche Kündigung zum Zeitpunkt der Abteilungsstillegung erfolgen. Denkbar ist dies beispielsweise, wenn der in der stillgelegten Betriebsabteilung tätige Betriebsrat nicht über die Fähigkeiten verfügt, in einer anderen Betriebsabteilung eingesetzt zu werden.

Abgesehen vom Ausnahmefall der Betriebsstillegung sind die Chancen des Arbeitgebers zur Durchbrechung des Sonderkündigungsschutzes auf besondere Ausnahmefälle beschränkt. Der Gesetzgeber hat ihm allein die Möglichkeit belassen, eine Kündigung wegen des Vorliegens von Tatsachen auszusprechen, die ihn zur Kündigung aus wichtigem Grund ohne Einhaltung einer Kündigungsfrist berechtigen. Entscheidend ist daher, ob der Arbeitgeber zu einer außerordentlichen Kündigung im Sinne des § 626 BGB befugt wäre. Soweit lediglich eine ordentliche Kündigung möglich wäre, ist der Arbeitnehmervertreter unkündbar. Liegt jedoch ein wichtiger Grund im Sinne des § 626 BGB vor, bleibt das Recht des Arbeitgebers zur außerordentlichen Kündigung unverändert bestehen. Entscheidend ist dabei, ob dem Unternehmen die Fortsetzung des Arbeitsverhältnisses bis zum Ablauf der Kündigungsfrist zugemutet werden kann oder nicht. Nur wenn dies nicht der Fall ist, ist die Kündigung gegenüber dem Betriebsratsmitglied gerechtfertigt.

Der Arbeitgeber hat bei der außerordentlichen Kündigung des Arbeitsverhältnisses eines Amtsinhabers mehrere Verfahrensschritte zu beachten. Zunächst muß ein wichtiger Kündigungsgrund im Sinne des § 626 BGB vorliegen. Sodann muß der Arbeitgeber innerhalb der 2-Wochen-Frist des § 626 Abs. 2, die mit der Kenntnis der für den Kündigungsgrund maßgebenden Tatsachen beginnt, sowohl den Betriebsrat informieren und zur Zustimmung nach § 103 Abs. 1 BetrVG auffordern als auch die Kündigung aussprechen, sofern die Zustimmung erteilt wird. Von der Beratung und Beschlußfassung des Betriebsratsgremiums ist das zu kündigende Betriebsratsmitglied ausgeschlossen. Verwei-

gert der Betriebsrat die Zustimmung oder äußert er sich innerhalb der Frist von 3 Tagen nicht, muß der Arbeitgeber noch innerhalb der laufenden 2-Wochen-Frist beim Arbeitsgericht einen Antrag auf Ersetzung der Zustimmung gemäß § 103 Abs. 2 BetrVG stellen. Die Kündigung darf sodann erst nach Rechtskraft des die Zustimmung ersetzenden Gerichtsbeschlusses ausgesprochen werden. Wichtig ist jedoch, daß sie unverzüglich nach Rechtskraft des Beschlusses ausgesprochen wird. Dem Arbeitgeber steht insoweit keine weitere Überlegungsfrist zur Verfügung. Der betroffene Mitarbeiter kann zwar nunmehr noch binnen 3 Wochen Kündigungsschutzklage erheben. Da aber regelmäßig derselbe Grund vorliegt, der auch im Beschlußverfahren schon überprüft wurde, wird die im Beschlußverfahren durch das Arbeitsgericht getroffene Entscheidung auch für das Urteilsverfahren maßgebend sein, mit der Folge, daß eine für den Arbeitnehmer günstige Entscheidung über die Kündigungsschutzklage nicht zu erwarten ist.
Lehnt das Arbeitsgericht die Ersetzung der Zustimmung rechtskräftig ab, kann der Arbeitgeber dem Arbeitnehmerverteter nicht kündigen. Eine ohne die erforderliche Zustimmung des Arbeitsgerichts ausgesprochene Kündigung ist unwirksam. Hierauf kann sich der betreffende Arbeitnehmer jederzeit berufen, ohne Kündigungsschutzklage erheben zu müssen.
Ein wichtiger Grund für die außerordentliche Kündigung des Arbeitnehmervertreters ist grundsätzlich nicht die Verletzung von Amtspflichten bei der Ausübung der Arbeitnehmervertretung. Anerkannt ist jedoch, daß eine Amtspflichtverletzung auch dann zur Kündigung führen kann, wenn sich diese sogleich als schwere Verletzung der Pflichten aus dem Arbeitsverhältnis darstellt.
Als wichtige Gründe im Verhaltensbereich des Arbeitnehmervertreters sind beispielsweise anerkannt die parteipolitische Betätigung im Betrieb trotz mehrfacher Verwarnung durch den Arbeitgeber, die Aufforderung an Kollegen zu vertragswidrigem Verhalten oder zur Teilnahme an einem wilden Streik, die Ausnutzung des Betriebsratsamtes für nachhaltige gewerkschaftliche Werbung oder das Verteilen von Flugblättern mit bewußt wahrheitswidrigen Angaben über den Arbeitgeber. Selbstver-

ständlich rechtfertigen strafbare Handlungen zu Lasten des Arbeitgebers ebenfalls eine fristlose Kündigung des Arbeitnehmervertreters.

Bei krankheitsbedingten Fehlzeiten von Betriebsratsmitgliedern scheidet die außerordentliche Kündigung des Arbeitsverhältnisses in der Regel aus. Dies gilt selbst in den Fällen, in denen ohne den Sonderkündigungsschutz eine außerordentliche Kündigung mit sozialer Auslauffrist denkbar wäre. Der Gesetzgeber hat gegenüber Betriebsräten ausdrücklich nur die Kündigung aus wichtigem Grund ohne Einhaltung einer Kündigungsfrist zugelassen. Hierfür bieten aber weder häufige Kurzerkrankungen noch Langzeiterkrankungen einen Ansatzpunkt.

Während des Zeitraumes des nachwirkenden Kündigungsschutzes entfällt das Erfordernis der Zustimmung des Betriebsrates vor Ausspruch der außerordentlichen Kündigung. Der Arbeitgeber muß hier allein den Betriebsrat i. S. d. § 102 BetrVG anhören. Nach Beendigung des Betriebsratsamtes bzw. des Amtes als Wahlvorstand oder Wahlbewerber und Beendigung auch des Zeitraumes, für den der Sonderkündigungsschutz nachwirkt, ist eine Kündigung des betreffenden Arbeitnehmers ohne Einschränkung möglich. Wie das BAG mit Urteil vom 13. Juni 1996 ausgesprochen hat, ist der Arbeitgeber grundsätzlich nicht gehindert, eine ordentliche Kündigung des Arbeitsverhältnisses auf Pflichtverletzungen zu stützen, die der betreffende Arbeitnehmer während des Zeitraumes des nachwirkenden Kündigungsschutzes begangen hat. Zu prüfen ist nach dem Urteil der Kasseler Richter in einem solchen Fall aber immer, ob die Kündigungsgründe nicht bereits verwirkt sind. Ein Fall von Verwirkung sei insbesondere möglich, wenn der Arbeitgeber eine an sich zulässige fristlose Kündigung während des geschützten Zeitraumes nicht ausgesprochen hat und hierdurch bei dem betreffenden Arbeitnehmer das berechtigte Vertrauen entstanden ist, die Kündigung werde unterbleiben. Ob ein solches berechtigtes Vertrauen entstehen konnte, ist Tatfrage. Das BAG hält das Entstehen eines solchen Vertrauenstatbestandes aber dann für ausgeschlossen, wenn der Kündigungsgrund in keinerlei Zusammenhang mit der Betriebsratswahl und der amtlichen Tätigkeit selbst steht.

4. Der Kündigungsschutz für Zeiten des Wehr-, Ersatz- oder Zivildienstes

Das Arbeitsplatzschutzgesetz (ArbPlSchG) schützt Arbeitnehmer vor Nachteilen, die diese infolge wehrrechtlicher Verpflichtungen erleiden können. § 1 ArbPlSchG stellt daher fest, daß das Arbeitsverhältnis eines Arbeitnehmers, der zum Grundwehrdienst oder zu einer Wehrübung einberufen wird, während dieses Zeitraumes ruht. Gleiches gilt auch für den Fall des Wehrdienstes in der Verfügungsbereitschaft und im Verteidigungsfall (§ 16 Abs. 1 ArbPlSchG) und unter bestimmten Voraussetzungen auch bei Soldaten auf Zeit (§ 16a ArbPlSchG). Der Gesetzgeber hat auch an mögliche Auslandseinsätze Wehrpflichtiger gedacht, indem er Wehrpflichtige, die an besonderen Auslandsverwendungen teilnehmen, in den gesetzlichen Arbeitsplatzschutz einbezogen hat (§ 16 Abs. 2 ArbPlSchG).

Das rechtliche Ruhen des Arbeitsverhältnisses bewirkt für den Arbeitgeber, daß seine Verpflichtung zur Fortzahlung des Arbeitsentgeltes grundsätzlich erlischt. Eine Ausnahme gilt allein dann, wenn die Wehrverpflichtung von kurzer Dauer ist, wie z. B. bei Wehrübungen bis zu 3 Tagen. Für den Arbeitnehmer hat das Ruhen des Arbeitsverhältnisses zur Folge, daß er keine Arbeitsleistung zu erbringen hat. Er hat jedoch zu beachten, daß sämtliche Nebenpflichten aus dem Arbeitsverhältnis fortbestehen. Insbesondere bleiben Wettbewerbsverbote und Verschwiegenheitspflichten in Kraft.

Das Ruhen des Arbeitsverhältnisses hat nicht die Wirkung, daß ein befristetes Arbeitsverhältnis verlängert wird. Der befristete Arbeitsvertrag endet trotz des Wehrdienstes mit dem Eintritt des Zeitpunktes, auf den die Befristung gewählt wurde, selbst wenn der Arbeitnehmer faktisch an der Erbringung seiner Arbeitsleistung durch die Einberufung zum Grundwehrdienst oder zu Wehrübungen gehindert war.

Über den gerade erwähnten Arbeitsplatzschutz durch Ruhen des Arbeitsverhältnisses hinaus genießen Arbeitnehmer von der Zustellung des Einberufungsbescheides an bis zur Beendigung des Grundwehrdienstes sowie während einer Wehrübung einen Sonderkündigungsschutz. Gemäß § 2 Abs. 1 ArbPlSchG besteht für den oben genannten Zeitraum ein absolutes Verbot der ordentlichen Kündigung. Entsprechendes gilt auch für Soldaten auf Zeit (§ 16a ArbPlSchG). Ob der Arbeitgeber im Zeitpunkt der Abgabe der Kündigungserklärung von der Zustellung des Einberufungsbescheides Kenntnis hatte oder nicht, ist für den Eintritt des Sonderkündigungsschutzes unerheblich. Unerheblich ist auch, welche Gründe der Arbeitgeber für die ordentliche Kündigung hat. Streiten läßt sich allein über die Frage, ob der Arbeitgeber im Falle einer Betriebsstillegung berechtigt ist, das Arbeitsverhältnis ordentlich zu kündigen. Der Arbeitgeber wird wegen des insoweit klaren gesetzlichen Verbots darauf zu verweisen sein, das Ende des Wehrdienstes abzuwarten und dann aus betrieblichen Gründen die ordentliche Kündigung auszusprechen.

Uneingeschränkt möglich bleibt es, das Arbeitsverhältnis eines Arbeitnehmers, der den Wehrdienst ableistet, außerordentlich zu kündigen. Ausdrücklich wird in § 2 Abs. 3 ArbPlSchG aber festgeschrieben, daß die Einberufung zum Wehrdienst keinen wichtigen Grund für eine außerordentliche Kündigung darstellt. Allein bei Kleinbetrieben kann auch die Einberufung zum Wehrdienst einen wichtigen Kündigungsgrund darstellen. Für die Kündigung aus wichtigem Grund haben die allgemeinen Grundsätze zu § 626 BGB Geltung. Erforderlich ist daher das Vorliegen eines Grundes, der von solcher Schwere ist, daß er eine außerordentliche Kündigung rechtfertigt.

Eine entgegen der Vorschrift des § 2 Abs. 1 ArbPlSchG ausgesprochene Kündigung ist gemäß § 134 BGB unwirksam. Der Arbeitnehmer kann sich auf die Unwirksamkeit dieser Kündigung ohne Rücksicht auf die Drei-Wochen-Frist des Kündigungsschutzgesetzes jederzeit berufen.

§ 2 Abs. 4 ArbPlSchG bestimmt darüber hinaus, daß derjenige Arbeitnehmer, der zugleich Unwirksamkeitsgründe für die Kündigung gemäß dem Kündigungsschutzgesetz geltend machen will, diese bis zu 5 Wochen nach dem Ende des Wehrdienstes geltend machen kann. Die Drei-Wochen-Frist des Kündigungsschutzgesetzes beginnt in einem solchen Fall daher erst 2 Wochen nach Beendigung des Wehrdienstes zu laufen. Außerhalb des Zeitraumes ab der Zustellung des Einberufungsbescheides bis zur Beendigung des Grundwehrdienstes darf der Arbeitgeber das Arbeitsverhältnis auch ordentlich kündigen. Hier gilt jedoch die Einschränkung, daß dem Arbeitnehmer nicht aus Anlaß des Wehrdienstes gekündigt werden darf (§ 2 Abs. 2 Satz 1 ArbPlSchG). Von einer Kündigung aus Anlaß des Wehrdienstes ist auszugehen, wenn der bestehende oder bereits abgeleistete Wehrdienst die Ursache für die Kündigung in dem Sinne darstellt, daß sie zumindest mitbestimmendes Motiv für den Arbeitgeber war. Im Streitfall muß der Arbeitgeber darlegen und beweisen, daß er aus Gründen gekündigt hat, die mit dem Wehrdienst nichts zu tun haben. Ein Arbeitgeber, der die Kündigung eines Arbeitnehmers beabsichtigt, sollte daher ausreichende andere Gründe für die Kündigung des Arbeitsverhältnisses anführen können. Eine durch den Wehrdienst veranlaßte Kündigung ist gemäß § 134 BGB unwirksam. Darüber hinaus ist es gemäß § 2 Abs. 2 Satz 2 ArbPlSchG unzulässig, den Wehrdienst eines Arbeitnehmers bei der Sozialauswahl zu seinen Ungunsten zu berücksichtigen, wenn eine Entlassung von Arbeitnehmern aus dringenden betrieblichen Erfordernissen ansteht.

Das Arbeitsplatzschutzgesetz gilt gemäß § 78 Abs. 1 Zivildienstgesetz für die Zivildienstleistenden entsprechend. Die obigen Ausführungen zum Kündigungsschutz haben daher auch hier Geltung. Keine Anwendung findet das Arbeitsplatzschutzgesetz hingegen auf Kriegsdienstverweigerer, die Entwicklungsdienst oder andere Dienste im Ausland leisten und auch auf diejenigen, die den Zivildienst aus Gewissensgründen ablehnen und statt dessen ein Arbeitsverhältnis eingehen. Wichtig ist auch zu wissen, daß das ArbPlSchG auf Arbeitnehmer, die sich zu einem sozialen oder ökologischen Jahr nach dem Gesetz zur Förderung eines freiwilligen sozialen oder ökologischen Jahres verpflichtet haben, nicht anwendbar ist.

Auch auf ausländische Arbeitnehmer, die nicht Angehörige eines Mitgliedstaates der Europäischen Union sind, findet das

ArbPlSchG keine Anwendung. Eine Kündigung ist hier grundsätzlich uneingeschränkt möglich. Das Bundesarbeitsgericht hat aber mit Urteil vom 20. Mai 1988 für Fälle eines abgekürzten Wehrdienstes von einigen Monaten Dauer entschieden, daß der Arbeitnehmer hier das Recht hat, die Arbeitsleistung für den Zeitraum des abgekürzten Wehrdienstes zu verweigern, ohne daß der Arbeitgeber hieraus kündigungsrelevante Schlüsse ziehen darf. In dem entschiedenen Fall ging es um den abgekürzten türkischen Wehrdienst von 2 Monaten Dauer. Für einen länger andauernden Wehrdienst wird dem Arbeitnehmer ein solches Leistungsverweigerungsrecht nicht zugebilligt werden können. Der wehrdienstbedingte Ausfall eines ausländischen Arbeitnehmers kann im Falle längerer Abwesenheit daher als personenbedingter Kündigungsgrund im Sinne von § 1 Abs. 2 Satz 1 KSchG von einem Arbeitgeber verwertet werden. Das BAG verlangt in einem solchen Fall aber zusätzlich die Prüfung, ob in dem Betrieb des Arbeitgebers erhebliche Betriebsablaufstörungen durch den Ausfall des Arbeitnehmers zu verzeichnen sind. Hierbei ist auch zu berücksichtigen, ob eine Überbrückung des Ausfalls des Arbeitnehmers durch andere Personalmaßnahmen möglich ist.

Sämtliche Regelungen des Sonderkündigungsschutzes sind zwingendes Recht, d. h. im voraus können die geschützten Personenkreise auf den Sonderkündigungsschutz nicht verzichten. Vertragliche Klauseln, die einen Verzicht auf den Sonderkündigungsschutz vorsehen, haben für den Arbeitnehmer keine Bindungswirkung. Der Arbeitgeber kann den Sonderkündigungsschutz allein dadurch umgehen, daß er mit der betreffenden Person eine Aufhebungsvereinbarung abschließt.

F

Anhang

Die wichtigsten gesetzlichen Bestimmungen

1. Kündigungsschutzgesetz (KSchG)

Erster Abschnitt. Allgemeiner Kündigungsschutz

§ 1. Sozial ungerechtfertigte Kündigungen.

(1) Die Kündigung des Arbeitsverhältnisses gegenüber einem Arbeitnehmer, dessen Arbeitsverhältnis in demselben Betrieb oder Unternehmen ohne Unterbrechung länger als sechs Monate bestanden hat, ist rechtsunwirksam, wenn sie sozial ungerechtfertigt ist.

(2) Sozial ungerechtfertigt ist die Kündigung, wenn sie nicht durch Gründe, die in der Person oder in dem Verhalten des Arbeitnehmers liegen, oder durch dringende betriebliche Erfordernisse, die einer Weiterbeschäftigung des Arbeitnehmers in diesem Betrieb entgegenstehen, bedingt ist. Die Kündigung ist auch sozial ungerechtfertigt, wenn in Betrieben des privaten Rechts
1. a) die Kündigung gegen eine Richtlinie nach § 95 des Betriebsverfassungsgesetzes verstößt,
b) der Arbeitnehmer an einem anderen Arbeitsplatz in demselben Betrieb oder in einem anderen Betrieb des Unternehmens weiterbeschäftigt werden kann und der Betriebsrat oder eine andere nach dem Betriebsverfassungsgesetz insoweit zuständige Vertretung der Arbeitnehmer aus einem dieser Gründe der Kündigung innerhalb der Frist des § 102 Abs. 2 Satz 1 des Betriebsverfassungsgesetzes schriftlich widersprochen hat,
2. in Betrieben und Verwaltungen des öffentlichen Rechts
a) die Kündigung gegen eine Richtlinie über die personelle Auswahl bei Kündigungen verstößt,
b) der Arbeitnehmer an einem anderen Arbeitsplatz in derselben Dienststelle oder in einer anderen Dienststelle desselben Verwaltungszweiges an demselben Dienstort einschließlich seines Einzugsgebietes weiterbeschäftigt werden kann und die zuständige Personalvertretung aus einem dieser Gründe fristge-

recht gegen die Kündigung Einwendungen erhoben hat, es sei denn, daß die Stufenvertretung in der Verhandlung mit der übergeordneten Dienststelle die Einwendungen nicht aufrechterhalten hat. Satz 2 gilt entsprechend, wenn die Weiterbeschäftigung des Arbeitnehmers nach zumutbaren Umschulungs- oder Fortbildungsmaßnahmen oder eine Weiterbeschäftigung des Arbeitnehmers unter geänderten Arbeitsbedingungen möglich ist und der Arbeitnehmer sein Einverständnis hiermit erklärt hat. Der Arbeitgeber hat die Tatsachen zu beweisen, die die Kündigung bedingen.

(3) Ist einem Arbeitnehmer aus dringenden betrieblichen Erfordernissen im Sinne des Absatzes 2 gekündigt worden, so ist die Kündigung trotzdem sozial ungerechtfertigt, wenn der Arbeitgeber bei der Auswahl des Arbeitnehmers die Dauer der Betriebszugehörigkeit, das Lebensalter und die Unterhaltspflichten des Arbeitnehmers nicht oder nicht ausreichend berücksichtigt hat; auf Verlangen des Arbeitnehmers hat der Arbeitgeber dem Arbeitnehmer die Gründe anzugeben, die zu der getroffenen sozialen Auswahl geführt haben. In die soziale Auswahl nach Satz 1 sind Arbeitnehmer nicht einzubeziehen, deren Weiterbeschäftigung, insbesondere wegen ihrer Kenntnisse, Fähigkeiten und Leistungen oder zur Sicherung einer ausgewogenen Personalstruktur des Betriebes im berechtigten betrieblichen Interesse liegt. Der Arbeitnehmer hat die Tatsachen zu beweisen, die die Kündigung als sozial ungerechtfertigt im Sinne des Satzes 1 erscheinen lassen.

(4) Ist in einem Tarifvertrag, in einer Betriebsvereinbarung nach § 95 des Betriebsverfassungsgesetzes oder in einer entsprechenden Richtlinie nach den Personalvertretungsgesetzen festgelegt, wie die sozialen Gesichtspunkte nach Abs. 3 Satz 1 im Verhältnis zueinander zu bewerten sind, so kann die Bewertung nur auf grobe Fehlerhaftigkeit überprüft werden. Das gleiche gilt für eine Richtlinie mit Regelungen im Sinne des Satzes 1, die ein Arbeitgeber in Betrieben oder Verwaltungen ohne gewählte Arbeitnehmervertretung mit Zustimmung von mindestens zwei Dritteln der Arbeitnehmer des Betriebes oder der Dienststelle schriftlich erläßt. Satz 2 ist auf Kündigungen anwendbar, die nach Ablauf von sechs Monaten nach Erlaß der Richtlinie erklärt werden.

(5) Sind bei einer Kündigung aufgrund einer Betriebsänderung nach § 111 des Betriebsverfassungsgesetzes die Arbeitnehmer, denen gekündigt werden soll, in einem Interessenausgleich zwischen Arbeitgeber und Betriebsrat namentlich bezeichnet, so wird vermutet, daß die Kündigung durch dringende betriebliche Erfordernisse im Sinne des Absatzes 1 bedingt ist. Die soziale Auswahl der Arbeitnehmer kann nur auf grobe Fehlerhaftigkeit überprüft werden. Die Sätze 1 und 2 gelten nicht, soweit sich die Sachlage nach Zustandekommen des Interessenausgleichs wesentlich geändert hat. Der Interessenausgleich nach Satz 1 ersetzt die Stellungnahmen des Betriebsrats nach § 17 Abs. 3 Satz 2.

§ 2. Änderungskündigung.

Kündigt der Arbeitgeber das Arbeitsverhältnis und bietet er dem Arbeitnehmer im Zusammenhang mit der Kündigung die Fortsetzung des Arbeitsverhältnisses zu geänderten Arbeitsbedingungen an, so kann der Arbeitnehmer dieses Angebot unter dem Vorbehalt annehmen, daß die Änderung der Arbeitsbedingungen nicht sozial ungerechtfertigt ist (§ 1 Abs. 2 Satz 1 bis 3, Abs. 3 Satz 1 und 2). Diesen Vorbehalt muß der Arbeitnehmer dem Arbeitgeber innerhalb der Kündigungsfrist, spätestens jedoch innerhalb von drei Wochen nach Zugang der Kündigung erklären.

§ 3. Kündigungseinspruch.

Hält der Arbeitnehmer eine Kündigung für sozial ungerechtfertigt, so kann er binnen einer Woche nach der Kündigung Einspruch beim Betriebsrat einlegen. Erachtet der Betriebsrat den Einspruch für begründet, so hat er zu versuchen, eine Verständigung mit dem Arbeitgeber herbeizuführen. Er hat seine Stellungnahme zu dem Einspruch dem Arbeitnehmer und dem Arbeitgeber auf Verlangen schriftlich mitzuteilen.

§ 4. Anrufung des Arbeitsgerichtes.

Will ein Arbeitnehmer geltend machen, daß eine Kündigung sozial ungerechtfertigt ist, so muß er innerhalb von drei Wochen nach Zugang der Kündigung Klage beim Arbeitsgericht auf Feststellung erheben, daß das Arbeitsverhältnis durch die Kündigung nicht aufgelöst ist. Im Falle des § 2 ist die Klage auf Feststellung zu erheben, daß die Änderung der Arbeitsbedingungen sozial ungerechtfertigt ist. Hat der Arbeitnehmer Einspruch beim Betriebsrat eingelegt (§ 3), so soll er der Klage die Stellungnahme des Betriebsrates beifügen. Soweit die Kündigung der Zustimmung einer Behörde bedarf, läuft die Frist zur Anrufung des Arbeitsgerichtes erst von der Bekanntgabe der Entscheidung der Behörde an den Arbeitnehmer ab.

§ 5. Zulassung verspäteter Klagen.

(1) War ein Arbeitnehmer nach erfolgter Kündigung trotz Anwendung aller ihm nach Lage der Umstände zuzumutenden Sorgfalt verhindert, die Klage innerhalb von drei Wochen nach Zugang der Kündigung zu erheben, so ist auf seinen Antrag die Klage nachträglich zuzulassen.

(2) Mit dem Antrag ist die Klageerhebung zu verbinden; ist die Klage bereits eingereicht, so ist auf sie im Antrag Bezug zu nehmen. Der Antrag muß ferner die Angabe der die nachträgliche Zulassung begründenden Tatsachen und der Mittel für deren Glaubhaftmachung enthalten.

(3) Der Antrag ist nur innerhalb von zwei Wochen nach Behebung des Hindernisses zulässig. Nach Ablauf von sechs Monaten, vom Ende der versäumten Frist an gerechnet, kann der Antrag nicht mehr gestellt werden.

(4) Über den Antrag entscheidet das Arbeitsgericht durch Beschluß. Gegen diesen ist die sofortige Beschwerde zulässig.

§ 6. Verlängerte Anrufungsfrist.

Hat ein Arbeitnehmer innerhalb von drei Wochen nach Zugang der Kündigung aus anderen als den in § 1 Abs. 2 und 3 bezeichneten Gründen im Klagewege geltend gemacht, daß eine rechtswirksame Kündigung nicht vorliege, so kann er in diesem Verfahren bis zum Schluß der mündlichen Verhandlung erster Instanz auch die Unwirksamkeit der Kündigung gemäß § 1 Abs. 2 und 3 geltend machen. Das Arbeitsgericht soll ihn hierauf hinweisen.

§ 7. Wirksamwerden der Kündigung.

Wird die Rechtsunwirksamkeit einer sozial ungerechtfertigten Kündigung nicht rechtzeitig geltend gemacht (§ 4 Satz 1, § 5 und 6), so gilt die Kündigung, wenn sie nicht aus anderem Grunde rechtsunwirksam ist, als von Anfang an rechtswirksam; ein vom Arbeitnehmer nach § 2 erklärter Vorbehalt erlischt.

§ 8. Wiederherstellung der früheren Arbeitsbedingungen.

Stellt das Gericht im Falle des § 2 fest, daß die Änderung der Arbeitsbedingungen sozial ungerechtfertigt ist, so gilt die Änderungskündigung als von Anfang an rechtsunwirksam.

§ 9. Auflösung des Arbeitsverhältnisses durch Urteil des Gerichts; Abfindung des Arbeitnehmers.

(1) Stellt das Gericht fest, daß das Arbeitsverhältnis durch die Kündigung nicht aufgelöst ist, ist jedoch dem Arbeitnehmer die Fortsetzung des Arbeitsverhältnisses nicht zuzumuten, so hat das Gericht auf Antrag des Arbeitnehmers das Arbeitsverhältnis aufzulösen und den Arbeitgeber zur Zahlung einer angemessenen Abfindung zu verurteilen. Die gleiche Entscheidung hat das Gericht auf Antrag des Arbeitgebers zu treffen, wenn Gründe vorliegen, die eine den Betriebszwecken dienliche weitere Zusammenarbeit zwischen Arbeitgeber und Arbeitnehmer nicht erwarten lassen. Arbeitnehmer und Arbeitgeber können den Antrag auf Auflösung des Arbeitsverhältnisses bis zum Schluß der letzten mündlichen Verhandlung in der Berufungsinstanz stellen.

(2) Das Gericht hat für die Auflösung des Arbeitsverhältnisses den Zeitpunkt festzusetzen, an dem es bei sozial gerechtfertigter Kündigung geendet hätte.

§ 10. Höhe der Abfindung.

(1) Als Abfindung ist ein Betrag bis zu zwölf Monatsverdiensten festzusetzen.

(2) Hat der Arbeitnehmer das fünfzigste Lebensjahr vollendet und hat das Arbeitsverhältnis mindestens fünfzehn Jahre bestanden, so ist ein Betrag bis zu fünfzehn Monatsverdiensten, hat der Arbeitnehmer das fünfundfünfzigste Lebensjahr vollendet und hat das Arbeitsverhältnis mindestens zwanzig Jahre bestanden, so ist ein Betrag bis zu achtzehn Monatsverdiensten festzusetzen. Dies gilt nicht, wenn der Arbeitnehmer in dem Zeitpunkt, den das Gericht nach § 9 Abs. 2 für die Auflösung des Arbeitsverhältnisses festsetzt, das in der Vorschrift des Sechsten Buches Sozialgesetzbuch über die Regelaltersrente bezeichnete Lebensalter erreicht hat.

(3) Als Monatsverdienst gilt, was dem Arbeitnehmer bei der für ihn maßgebenden regelmäßigen Arbeitszeit in dem Monat, in dem das Arbeitsverhältnis endet (§ 9 Abs. 2), an Geld und Sachbezügen zusteht.

§ 11. Anrechnung auf entgangenen Zwischenverdienst.

Besteht nach der Entscheidung des Gerichts das Arbeitsverhältnis fort, so muß sich der Arbeitnehmer auf das Arbeitsentgelt, das ihm der Arbeitgeber für die Zeit nach der Entlassung schuldet, anrechnen lassen,
1. was er durch anderweitige Arbeit verdient hat,
2. was er hätte verdienen können, wenn er es nicht böswillig unterlassen hätte, eine ihm zumutbare Arbeit anzunehmen,
3. was ihm an öffentlich-rechtlichen Leistungen infolge Arbeitslosigkeit aus der Sozialversicherung, der Arbeitslosenversicherung, der Arbeitslosenhilfe oder der Sozialhilfe für die Zwischenzeit gezahlt worden ist. Diese Beträge hat der Arbeitgeber der Stelle zu erstatten, die sie geleistet hat.

§ 12. Neues Arbeitsverhältnis des Arbeitnehmers; Auflösung des alten Arbeitsverhältnisses.

Besteht nach der Entscheidung des Gerichts das Arbeitsverhältnis fort, ist jedoch der Arbeitnehmer inzwischen ein neues Arbeitsverhältnis eingegangen, so kann er binnen einer Woche nach der Rechtskraft des Urteils durch Erklärung gegenüber dem alten Arbeitgeber die Fortsetzung des Arbeitsverhältnisses bei diesem verweigern. Die Frist wird auch durch eine vor ihrem Ablauf zur Post gegebene schriftliche Erklärung gewahrt. Mit dem Zugang der Erklärung erlischt das Arbeitsverhältnis. Macht der Arbeitnehmer von seinem Verweigerungsrecht Gebrauch, so ist ihm entgangener Verdienst nur für die Zeit zwischen der Entlassung und dem Tage des Eintritts in das neue Arbeitsverhältnis zu gewähren. § 11 findet entsprechende Anwendung.

§ 13. Verhältnis zu sonstigen Kündigungen.

(1) Die Vorschriften über das Recht zur außerordentlichen Kündigung eines Arbeitsverhältnisses werden durch das vorliegende Gesetz nicht berührt. Die Rechtsunwirksamkeit einer außerordentlichen Kündigung kann jedoch nur nach Maßgabe des § 4 Satz 1 und der §§ 5 bis 7 geltend gemacht werden. Stellt das Gericht fest, daß die außerordentliche Kündigung unbegründet ist, ist jedoch dem Arbeitnehmer die Fortsetzung des Arbeitsverhältnisses nicht zuzumuten, so hat auf seinen Antrag das Gericht das Arbeitsverhältnis aufzulösen und den Arbeitgeber zur Zahlung einer angemessenen Abfindung zu verurteilen; die Vorschriften des § 9 Abs. 2 und der §§ 10 bis 12 gelten entsprechend.

(2) Verstößt eine Kündigung gegen die guten Sitten, so kann der Arbeitnehmer ihre Nichtigkeit unabhängig von den Vorschriften dieses Gesetzes geltend machen. Erhebt er innerhalb von drei Wochen nach Zugang der Kündigung Klage auf Feststellung, daß das Arbeitsverhältnis durch die Kündigung nicht aufgelöst ist, so finden die Vorschriften des § 9 Abs. 1 Satz 1 und Abs. 2 und der §§ 10 bis 12 entsprechende Anwendung; die Vorschriften des § 5 über Zulassung verspäteter Klage und des § 6 über verlängerte Anrufungsfrist gelten gleichfalls entsprechend.

(3) Im übrigen finden die Vorschriften dieses Abschnitts auf eine Kündigung, die bereits aus anderen als den in § 1 Abs. 2 und 3 bezeichneten Gründen rechtsunwirksam ist, keine Anwendung.

§ 14. Angestellte in leitender Stellung.

(1) Die Vorschriften dieses Abschnitts gelten nicht
1. in Betrieben einer juristischen Person für die Mitglieder des Organs, das zur gesetzlichen Vertretung der juristischen Person berufen ist,
2. in Betrieben einer Personengesamtheit für die durch Gesetz, Satzung oder Gesellschaftsvertrag zur Vertretung der Personengesamtheit berufenen Personen.

(2) Auf Geschäftsführer, Betriebsleiter und ähnliche leitende Angestellte, soweit diese zur selbständigen Einstellung oder Entlassung von Arbeitnehmern berechtigt sind, finden die Vorschriften dieses Abschnitts mit Ausnahme des § 3 Anwendung. § 9 Abs. 1 Satz 2 findet mit der Maßgabe Anwendung, daß der Antrag des Arbeitgebers auf Auflösung des Arbeitsverhältnisses keiner Begründung bedarf.

Zweiter Abschnitt. Kündigungsschutz im Rahmen der Betriebsverfassung und Personalvertretung

§ 15. Unzulässigkeit der Kündigung.

(1) Die Kündigung eines Mitglieds eines Betriebsrats, einer Jugend- und Auszubildendenvertretung, einer Bordvertretung oder eines Seebetriebsrats ist unzulässig, es sei denn, daß Tatsachen vorliegen, die den Arbeitgeber zur Kündigung aus wichtigem Grund ohne Einhaltung einer Kündigungsfrist berechtigen, und daß die nach § 103 des Betriebsverfassungsgesetzes erforderliche Zustimmung vorliegt oder durch gerichtliche Entscheidung ersetzt ist. Nach Beendigung der Amtszeit ist die Kündigung eines Mitglieds eines Betriebsrats, einer Jugend- und Aus-

zubildendenvertretung oder eines Seebetriebsrats innerhalb eines Jahres, die Kündigung eines Mitglieds einer Bordvertretung innerhalb von sechs Monaten, jeweils vom Zeitpunkt der Beendigung der Amtszeit an gerechnet, unzulässig, es sei denn, daß Tatsachen vorliegen, die den Arbeitgeber zur Kündigung aus wichtigem Grund ohne Einhaltung einer Kündigungsfrist berechtigen; dies gilt nicht, wenn die Beendigung der Mitgliedschaft auf einer gerichtlichen Entscheidung beruht.

(2) Die Kündigung eines Mitglieds einer Personalvertretung, einer Jugend- und Auszubildendenvertretung oder einer Jugendvertretung ist unzulässig, es sei denn, daß Tatsachen vorliegen, die den Arbeitgeber zur Kündigung aus wichtigem Grund ohne Einhaltung einer Kündigungsfrist berechtigen, und daß die nach dem Personalvertretungsrecht erforderliche Zustimmung vorliegt oder durch gerichtliche Entscheidung ersetzt ist. Nach Beendigung der Amtszeit der in Satz 1 genannten Personen ist ihre Kündigung innerhalb eines Jahres, vom Zeitpunkt der Beendigung der Amtszeit an gerechnet, unzulässig, es sei denn, daß Tatsachen vorliegen, die den Arbeitgeber zur Kündigung aus wichtigem Grund ohne Einhaltung einer Kündigungsfrist berechtigen; dies gilt nicht, wenn die Beendigung der Mitgliedschaft auf einer gerichtlichen Entscheidung beruht.

(3) Die Kündigung eines Mitglieds eines Wahlvorstands ist vom Zeitpunkt seiner Bestellung an, die Kündigung eines Wahlbewerbers vom Zeitpunkt der Aufstellung des Wahlvorschlags an, jeweils bis zur Bekanntgabe des Wahlergebnisses unzulässig, es sei denn, daß Tatsachen vorliegen, die den Arbeitgeber zur Kündigung aus wichtigem Grund ohne Einhaltung einer Kündigungsfrist berechtigen, und daß die nach § 103 des Betriebsverfassungsgesetzes oder nach dem Personalvertretungsrecht erforderliche Zustimmung vorliegt oder durch eine gerichtliche Entscheidung ersetzt ist. Innerhalb von sechs Monaten nach Bekanntgabe des Wahlergebnisses ist die Kündigung unzulässig, es sei denn, daß Tatsachen vorliegen, die den Arbeitgeber zur Kündigung aus wichtigem Grund ohne Einhaltung einer Kündigungsfrist berechtigen; dies gilt nicht für Mitglieder des Wahl-

vorstands, wenn dieser durch gerichtliche Entscheidung durch einen anderen Wahlvorstand ersetzt worden ist.

(4) Wird der Betrieb stillgelegt, so ist die Kündigung der in den Absätzen 1 bis 3 genannten Personen frühestens zum Zeitpunkt der Stillegung zulässig, es sei denn, daß ihre Kündigung zu einem früheren Zeitpunkt durch zwingende betriebliche Erfordernisse bedingt ist.

(5) Wird eine der in den Absätzen 1 bis 3 genannten Personen in einer Betriebsabteilung beschäftigt, die stillgelegt wird, so ist sie in eine andere Betriebsabteilung zu übernehmen. Ist dies aus betrieblichen Gründen nicht möglich, so findet auf ihre Kündigung die Vorschrift des Absatzes 4 über die Kündigung bei Stillegung des Betriebs sinngemäß Anwendung.

§ 16. Neues Arbeitsverhältnis; Auflösung des alten Arbeitsverhältnisses.

Stellt das Gericht die Unwirksamkeit der Kündigung einer der in § 15 Abs. 1 bis 3 genannten Personen fest, so kann diese Person, falls sie inzwischen ein neues Arbeitsverhältnis eingegangen ist, binnen einer Woche nach Rechtskraft des Urteils durch Erklärung gegenüber dem alten Arbeitgeber die Weiterbeschäftigung bei diesem verweigern. Im übrigen finden die Vorschriften des § 11 und des § 12 Satz 2 bis 4 entsprechende Anwendung.

Dritter Abschnitt. Anzeigepflichtige Entlassungen

§ 17. Anzeigepflicht.

(1) Der Arbeitgeber ist verpflichtet, dem Arbeitsamt Anzeige zu erstatten, bevor er
1. in Betrieben mit in der Regel mehr als 20 und weniger als 60 Arbeitnehmern mehr als 5 Arbeitnehmer,
2. in Betrieben mit in der Regel mindestens 60 und weniger als 500 Arbeitnehmern 10 vom Hundert der im Betrieb regelmäßig beschäftigten Arbeitnehmer oder aber mehr als 25 Arbeitnehmer,

3. in Betrieben mit in der Regel mindestens 500 Arbeitnehmern mindestens 30 Arbeitnehmer innerhalb von 30 Kalendertagen entläßt.

(2) Beabsichtigt der Arbeitgeber, nach Absatz 1 anzeigepflichtige Entlassungen vorzunehmen, hat er den Betriebsrat rechtzeitig über die Gründe für die Entlassungen, die Zahl der zu entlassenden Arbeitnehmer, die Zahl der in der Regel beschäftigten Arbeitnehmer und den Zeitraum, in dem die Entlassungen vorgenommen werden sollen, schriftlich zu unterrichten sowie weitere zweckdienliche Auskünfte zu erteilen. Arbeitgeber und Betriebsrat haben insbesondere die Möglichkeit zu beraten, Entlassungen zu vermeiden oder einzuschränken und ihre Folgen zu mildern.

(3) Eine Abschrift der Mitteilung an den Betriebsrat hat der Arbeitgeber gleichzeitig dem Arbeitsamt zuzuleiten. Die Anzeige nach Absatz 1 ist schrifltich unter Beifügung der Stellungnahme des Betriebsrates zu den Entlassungen zu erstatten. Liegt eine Stellungnahme des Betriebsrates nicht vor, so ist die Anzeige wirksam, wenn der Arbeitgeber glaubhaft macht, daß er den Betriebsrat mindestens zwei Wochen vor Erstattung der Anzeige nach Absatz 2 Satz 1 unterrichtet hat, und er den Stand der Beratungen darlegt. Die Anzeige hat Angaben über den Namen des Arbeitgebers, den Sitz und die Art des Betriebes, die Zahl der in der Regel beschäftigten Arbeitnehmer, die Zahl der zu entlassenden Arbeitnehmer, die Gründe für die Entlassungen und den Zeitraum, in dem die Entlassungen vorgenommen werden sollen, zu enthalten. In der Anzeige sollen ferner im Einvernehmen mit dem Betriebsrat für die Arbeitsvermittlung Angaben über Geschlecht, Alter, Beruf und Staatsangehörigkeit der zu entlassenden Arbeitnehmer gemacht werden. Der Arbeitgeber hat dem Betriebsrat eine Abschrift der Anzeige zuzuleiten. Der Betriebsrat kann gegenüber dem Arbeitsamt weitere Stellungnahmen abgeben. Er hat dem Arbeitgeber eine Abschrift der Stellungnahme zuzuleiten.

(4) Das Recht zur fristlosen Entlassung bleibt unberührt. Fristlose Entlassungen werden bei Berechnung der Mindestzahl der Entlassungen nach Absatz 1 nicht mitgerechnet.

(5) Als Arbeitnehmer im Sinne dieser Vorschrift gelten nicht
1. in Betrieben einer juristischen Person die Mitglieder des Organs, das zur gesetzlichen Vertretung der juristischen Person berufen ist,
2. in Betrieben einer Personengesamtheit die durch Gesetz, Satzung oder Gesellschaftsvertrag zur Vertretung der Personengesamtheit berufenen Personen,
3. Geschäftsführer, Betriebsleiter und ähnliche leitende Personen, soweit diese zur selbständigen Einstellung oder Entlassung von Arbeitnehmern berechtigt sind.

§ 18. Entlassungssperre.

(1) Entlassungen, die nach § 17 anzuzeigen sind, werden vor Ablauf eines Monats nach Eingang der Anzeige beim Arbeitsamt nur mit Zustimmung des Landesarbeitsamtes wirksam; die Zustimmung kann auch rückwirkend bis zum Tage der Antragstellung erteilt werden.

(2) Das Landesarbeitsamt kann im Einzelfall bestimmen, daß die Entlassungen nicht vor Ablauf von längstens zwei Monaten nach Eingang der Anzeige der Antragstellung erteilt werden.

(3) Das Landesarbeitsamt hat vor seinen Entscheidungen nach den Absätzen 1 und 2 zu prüfen, ob der Arbeitgeber die Entlassungen rechtzeitig nach § 8 des Arbeitsförderungsgesetzes angezeigt oder aus welchen Gründen er die Anzeige unterlassen hatte. Das Landesarbeitsamt soll das Ergebnis dieser Prüfung bei seinen Entscheidungen berücksichtigen.

(4) Soweit die Entlassungen nicht innerhalb eines Monats nach dem Zeitpunkt, zu dem sie nach den Absätzen 1 und 2 zulässig sind, durchgeführt werden, bedarf es unter den Voraussetzungen des § 17 Abs. 1 einer erneuten Anzeige.

§ 19. Zulässigkeit von Kurzarbeit.

(1) Ist der Arbeitgeber nicht in der Lage, die Arbeitnehmer bis zu dem in § 18 Abs. 1 und 2 bezeichneten Zeitpunkt voll zu beschäf-

tigen, so kann das Landesarbeitsamt zulassen, daß der Arbeitgeber für die Zwischenzeit Kurzarbeit einführt.

(2) Der Arbeitgeber ist im Falle der Kurzarbeit berechtigt, Lohn und Gehalt der mit verkürzter Arbeitszeit beschäftigten Arbeitnehmer entsprechend zu kürzen; die Kürzung des Arbeitsentgelts wird jedoch erst von dem Zeitpunkt an wirksam, an dem das Arbeitsverhältnis nach den allgemeinen gesetzlichen oder den vereinbarten Bestimmungen enden würde.

(3) Tarifvertragliche Bestimmungen über die Einführung, das Ausmaß und die Bezahlung von Kurzarbeit werden durch die Absätze 1 und 2 nicht berührt.

§ 20. Entscheidungen des Landesarbeitsamtes.

(1) Die Entscheidungen des Landesarbeitsamtes nach § 18 Abs. 1 und 2 trifft ein Ausschuß, der sich aus dem Präsidenten des Landesarbeitsamtes oder einem von ihm beauftragten Angehörigen des Landesarbeitsamtes als Vorsitzenden und je zwei Vertretern der Arbeitnehmer, der Arbeitgeber und der öffentlichen Körperschaften zusammensetzt, die von dem Verwaltungsausschuß des Landesarbeitsamtes benannt werden. Der Ausschuß hat vor seiner Entscheidung den Arbeitgeber und den Betriebsrat anzuhören; er trifft seine Entscheidungen mit Stimmenmehrheit.

(2) Dem Ausschuß sind, insbesondere vom Arbeitgeber und Betriebsrat, die von ihm für die Beurteilung des Falles erforderlich gehaltenen Auskünfte zu erteilen.

(3) Der Ausschuß hat sowohl das Interesse des Arbeitgebers als auch das der zu entlassenden Arbeitnehmer, das öffentliche Interesse und die Lage des gesamten Arbeitsmarktes unter besonderer Beachtung des Wirtschaftszweiges, dem der Betrieb angehört, zu berücksichtigen. Die oberste Landesbehörde ist berechtigt, zwei Vertreter in den Ausschuß nach Absatz 1 mit beratender Stimme zu entsenden, wenn die Zahl der Entlassungen, für die nach § 17 Abs. 1 Anzeige erstattet ist, mindestens fünfzig beträgt.

(4) Der beim Landesarbeitsamt nach Absatz 1 gebildete Ausschuß

kann seine Befugnisse nach Absatz 1 bei Betrieben mit in der Regel weniger als 500 Arbeitnehmern ganz oder teilweise auf das örtlich zuständige Arbeitsamt übertragen. In diesem Falle werden die Entscheidungen von einem beim Arbeitsamt entsprechend den Vorschriften des Absatzes 1 zu bildenden Ausschuß getroffen. Die Absätze 2 und 3 gelten entsprechend.

§ 21. Entscheidungen der Hauptstelle der Bundesanstalt für Arbeit.

Für Betriebe, die zum Geschäftsbereich des Bundesministers für Verkehr oder des Bundesministers für das Post- und Fernmeldewesen gehören, trifft, wenn mehr als 500 Arbeitnehmer entlassen werden sollen, ein gemäß § 20 Abs. 1 bei der Hauptstelle der Bundesanstalt für Arbeit zu bildender Ausschuß die Entscheidungen nach § 18 Abs. 1 und 2. Der zuständige Bundesminister kann zwei Vertreter mit beratender Stimme in den Ausschuß entsenden. Die Anzeigen nach § 17 sind in diesem Falle an die Hauptstelle der Bundesanstalt für Arbeit zu erstatten. Im übrigen gilt § 20 Abs. 1 bis 3 entsprechend.

§ 22. Ausnahmebetriebe.

(1) Auf Saisonbetriebe und Kampagne-Betriebe finden die Vorschriften dieses Abschnitts bei Entlassungen, die durch diese Eigenart der Betriebe bedingt sind, keine Anwendung.

(2) Keine Saisonbetriebe oder Kampagne-Betriebe sind Betriebe des Baugewerbes, in denen die ganzjährige Beschäftigung gemäß § 76 Abs. 2 des Arbeitsförderungsgesetzes gefördert wird. Der Bundesminister für Arbeit und Sozialordnung wird ermächtigt, durch Rechtsverordnung Vorschriften zu erlassen, welche Betriebe als Saisonbetriebe oder Kampagne-Betriebe im Sinne des Absatzes 1 gelten.

§ 22a. Übergangsregelung.

Für Entlassungen, deren Anzeige dem Arbeitsamt vor dem Inkrafttreten des Zweiten Gesetzes zur Änderung dieses Gesetzes vom

27. April 1978 /BGBl. I S. 550) zugegangen ist, bleibt die bis dahin gültige Fassung dieses Gesetzes maßgebend.

Vierter Abschnitt. Schlußbestimmungen

§ 23. Geltungsbereich.

(1) Die Vorschriften des Ersten und Zweiten Abschnitts gelten für Betriebe und Verwaltungen des privaten und des öffentlichen Rechts, vorbehaltlich der Vorschriften des § 24 für die Seeschiffahrts-, Binnenschiffahrts- und Luftverkehrsbetriebe. Die Vorschriften des Ersten Abschnitts gelten nicht für Betriebe und Verwaltungen, in denen in der Regel 10 oder weniger Arbeitnehmer ausschließlich der zu ihrer Berufsausbildung Beschäftigten beschäftigt werden. Bei der Feststellung der Zahl der beschäftigten Arbeitnehmer nach Satz 2 sind teilzeitbeschäftigte Arbeitnehmer mit einer regelmäßigen wöchentlichen Arbeitszeit von nicht mehr als zehn Stunden mit 0,25, nicht mehr als 20 Stunden mit 0,5 und nicht mehr als 30 Stunden mit 0,75 zu berücksichtigen. Die Sätze 2 und 3 berühren bis zum 30. September 1999 nicht die Rechtsstellung der Arbeitnehmer, die am 30. September 1996 gegenüber ihrem Arbeitgeber Rechte aus der bis zu diesem Zeitpunkt geltenden Fassung der Sätze 2 bis 4 in Verbindung mit dem Ersten Abschnitt dieses Gesetzes hätten herleiten können; § 1 Abs. 3 bis 5 findet Anwendung.

(2) Die Vorschriften des Dritten Abschnitts gelten für Betriebe und Verwaltungen des privaten Rechts sowie für Betriebe, die von einer öffentlichen Verwaltung geführt werden, soweit sie wirtschaftliche Zwecke verfolgen. Sie gelten nicht für Seeschiffe und ihre Besatzung.

§ 24. Anwendung des Gesetzes auf Betriebe der Schiffahrt und des Luftverkehrs.

(1) Die Vorschriften des Ersten und Zweiten Abschnitts finden nach Maßgabe der Absätze 2 bis 5 auf Arbeitsverhältnisse der

Besatzung von Seeschiffen, Binnenschiffen und Luftfahrzeugen Anwendung. Als Betrieb im Sinne dieses Gesetzes gilt jeweils die Gesamtheit der Seeschiffe oder der Binnenschiffe eines Schiffahrtsbetriebs oder der Luftfahrzeuge eines Luftverkehrsbetriebs.

(2) Dauert die erste Reise eines Besatzungsmitglieds im Dienste einer Reederei oder eines Luftverkehrsbetriebs länger als sechs Monate, so verlängert sich die Sechsmonatsfrist des § 1 Abs. 1 bis drei Tage nach Beendigung dieser Reise.

(3) Die Klage nach § 4 ist binnen drei Wochen, nachdem das Besatzungsmitglied zum Sitz des Betriebs zurückgekehrt ist, zu erheben, spätestens jedoch binnen sechs Wochen nach Zugang der Kündigung. Wird die Kündigung während der Fahrt des Schiffes oder des Luftfahrzeuges ausgesprochen, so beginnt die sechswöchige Frist nicht vor dem Tage, an dem das Schiff oder das Luftfahrzeug einen deutschen Hafen oder Liegeplatz erreicht. An die Stelle der Dreiwochenfrist in § 6 treten die hier in den Sätzen 1 und 2 bestimmten Fristen.

(4) Für Klagen der Kapitäne und der Besatzungsmitglieder im Sinne der §§ 2 und 3 des Seemannsgesetzes nach § 4 dieses Gesetzes tritt an die Stelle des Arbeitsgerichts das Gericht, das für Streitigkeiten aus dem Arbeitsverhältnis dieser Personen zuständig ist. Soweit in Vorschriften des Seemannsgesetzes für die Streitigkeiten aus dem Arbeitsverhältnis Zuständigkeiten des Seemannsamtes begründet sind, finden die Vorschriften auf Streitigkeiten über Ansprüche aus diesem Gesetz keine Anwendung.

(5) Der Kündigungsschutz des Ersten Abschnitts gilt, abweichend von § 14, auch für den Kapitän und die übrigen als leitende Angestellte im Sinne des § 14 anzusehenden Angehörigen der Besatzung.

§ 25. Kündigung in Arbeitskämpfen.

Die Vorschriften dieses Gesetzes finden keine Anwendung auf Kündigungen und Entlassungen, die lediglich als Maßnahmen in wirtschaftlichen Kämpfen zwischen Arbeitgebern und Arbeitnehmern vorgenommen werden.

§ 25a. Berlin-Klausel.

(gegenstandslos)

§ 26. Inkrafttreten.

Dieses Gesetz tritt am Tage nach seiner Verkündung in Kraft.

2. Entgeltfortzahlungsgesetz (EntgeltfortzG)

§ 3. Anspruch auf Entgeltfortzahlung im Krankheitsfall.

(1) Wird ein Arbeitnehmer durch Arbeitsunfähigkeit infolge Krankheit an seiner Arbeitsleistung verhindert, ohne daß ihn ein Verschulden trifft, so hat er Anspruch auf Entgeltfortzahlung im Krankheitsfall durch den Arbeitgeber für die Zeit der Arbeitsunfähigkeit bis zur Dauer von sechs Wochen. Wird der Arbeitnehmer infolge derselben Krankheit erneut arbeitsunfähig, so verliert er wegen der erneuten Arbeitsunfähigkeit den Anspruch nach Satz 1 für einen weiteren Zeitraum von höchstens sechs Wochen nicht, wenn
1. er vor der erneuten Arbeitsunfähigkeit mindestens sechs Monate nicht infolge derselben Krankheit arbeitsunfähig war oder
2. seit Beginn der ersten Arbeitsunfähigkeit infolge derselben Krankheit eine Frist von zwölf Monaten abgelaufen ist.

(2) Als unverschuldete Arbeitsunfähigkeit im Sinne des Absatzes 1 gilt auch eine Arbeitsverhinderung, die infolge einer nicht rechtswidrigen Sterilisation oder eines nicht rechtswidrigen Abbruchs der Schwangerschaft eintritt. Dasselbe gilt für einen Abbruch der Schwangerschaft, wenn die Schwangerschaft innerhalb von zwölf Wochen nach der Empfängnis durch einen Arzt abgebrochen wird, die schwangere Frau den Abbruch verlangt und dem Arzt durch eine Bescheinigung nachgewiesen hat, daß sie sich mindestens drei Tage vor dem Eingriff von einer anerkannten Beratungsstelle hat beraten lassen.

(3) Der Anspruch nach Abs. 1 entsteht nach vierwöchiger ununterbrochener Dauer des Arbeitsverhältnisses.

§ 4. Höhe des fortzuzahlenden Arbeitsentgelts.

(1) Die Höhe der Entgeltfortzahlung im Krankheitsfall für den in § 3 Absatz 1 bezeichneten Zeitraum beträgt 80/100 des dem Arbeitnehmer bei der für ihn maßgebenden regelmäßigen Arbeitszeit zustehenden Arbeitsentgelts. Erleidet ein Arbeitnehmer in-

folge einer den Versicherungsschutz nach § 539 Abs. 1 Nr. 1 oder 11 der Reichsversicherungsordnung begründenden Tätigkeit einen Arbeitsunfall oder eine Berufskrankheit im Sinne des Dritten Buches der Reichsversicherungsordnung, so bemißt sich die Höhe der Entgeltfortzahlung abweichend von Satz 1 nach dem Arbeitsentgelt, das dem Arbeitnehmer bei der für ihn maßgebenden regelmäßigen Arbeitszeit zusteht; dies gilt bei Arbeitsunfällen nur in dem Arbeitsverhältnis, in dem der Arbeitsunfall eingetreten ist.

(1a) Zum Arbeitsentgelt nach Abs. 1 gehören nicht Leistungen für Aufwendungen des Arbeitnehmers, soweit der Anspruch auf sie im Falle der Arbeitsfähigkeit davon abhängig ist, daß dem Arbeitnehmer entsprechende Aufwendungen tatsächlich entstanden sind, und dem Arbeitnehmer solche Aufwendungen während der Arbeitsunfähigkeit nicht entstehen. Erhält der Arbeitnehmer eine auf das Ergebnis der Arbeit abgestellte Vergütung, so ist der von dem Arbeitnehmer in der für ihn maßgebenden regelmäßigen Arbeitszeit erzielbare Durchschnittsverdienst der Berechnung zugrunde zu legen.

(2) Ist der Arbeitgeber für Arbeitszeit, die gleichzeitig infolge eines gesetzlichen Feiertages ausgefallen ist, zur Fortzahlung des Arbeitsentgelts nach § 3 verpflichtet, bemißt sich die Höhe des fortzuzahlenden Arbeitsentgelts für diesen Feiertag nach § 2.

(3) Wird in dem Betrieb verkürzt gearbeitet und würde deshalb das Arbeitsentgelt des Arbeitnehmers im Falle seiner Arbeitsunfähigkeit gemindert, so ist die verkürzte Arbeitszeit für ihre Dauer als die für den Arbeitnehmer maßgebende regelmäßige Arbeitszeit im Sinne des Absatzes 1 anzusehen. Dies gilt nicht im Falle des § 2 Abs. 2.

(4) Durch Tarifvertrag kann eine von den Absätzen 1, 1a und 3 abweichende Bemessungsgrundlage des fortzuzahlenden Arbeitsentgelts festgelegt werden. Im Geltungsbereich eines solchen Tarifvertrages kann zwischen nichttarifgebundenen Arbeitgebern und Arbeitnehmern die Anwendung der tarifvertraglichen Regelung über die Fortzahlung des Arbeitsentgelts im Krankheitsfalle vereinbart werden.

§ 4a. Anrechnung auf den Erholungsurlaub.

(1) Im Falle des § 4 Abs. 1 Satz 1 kann der Arbeitnehmer vom Arbeitgeber spätestens bis zum 3. Arbeitstag nach dem Ende der Arbeitsunfähigkeit verlangen, daß ihm von je 5 Tagen, an denen der Arbeitnehmer in Folge Krankheit an seiner Arbeitsleistung verhindert ist, der erste Tag auf den Erholungsurlaub angerechnet wird. Mehrere Zeiträume, in denen der Arbeitnehmer arbeitsunfähig erkrankt ist, werden zusammengerechnet. Die angerechneten Tage gelten als Urlaubstage; insoweit besteht kein Anspruch des Arbeitnehmers nach § 3 Absatz 1 Satz 1. Für die übrigen Tage bemißt sich die Höhe der Entgeltfortzahlung abweichend von § 4 Abs. 1 Satz 1 nach dem Arbeitsentgelt, das dem Arbeitnehmer bei der für ihn maßgebenden regelmäßigen Arbeitszeit zusteht. § 4 Abs. 1a bis 4 sind anzuwenden. § 9 des Bundesurlaubsgesetzes und § 4 Abs. 4 Satz 1 des Tarifvertragsgesetzes sind nicht anzuwenden.

(2) Durch die Anrechnung nach Absatz 1 dürfen der gesetzliche Jahresurlaub nach § 3 des Bundesurlaubsgesetzes, § 19 des Jugendarbeitsschutzgesetzes und den §§ 53 und 54 des Seemannsgesetzes sowie der Zusatzurlaub nach § 47 des Schwerbehindertengesetzes nicht unterschritten werden.

(3) Absatz 1 Satz 1 gilt nicht für den Teil des Urlaubs, der aus betrieblichen Gründen für alle Arbeitnehmer oder für bestimmte Gruppen von Arbeitnehmern einheitlich festgelegt ist, und nicht, soweit der Urlaub üblicherweise durch arbeitsfreie Zeiträume als abgegolten gilt.

§ 4b. Kürzungen von Sondervergütungen.

Eine Vereinbarung über die Kürzung von Leistungen, die der Arbeitgeber zusätzlich zum laufenden Arbeitsentgelt erbringt (Sondervergütungen), ist auch für Zeiten der Arbeitsunfähigkeit in Folge Krankheit zulässig. Die Kürzung darf für jeden Tag der Arbeitsunfähigkeit in Folge Krankheit ein Viertel des Arbeitsentgelts, das im Jahresdurchschnitt auf einen Arbeitstag entfällt, nicht überschreiten.

3. Bürgerliches Gesetzbuch (BGB)

§ 620. Ende des Dienstverhältnisses.

(1) Das Dienstverhältnis endigt mit dem Ablaufe der Zeit, für die es eingegangen ist.

(2) Ist die Dauer des Dienstverhältnisses weder bestimmt noch aus der Beschaffenheit oder dem Zwecke der Dienste zu entnehmen, so kann jeder Teil das Dienstverhältnis nach Maßgabe der §§ 621, 622 kündigen.

§ 621. Kündigungsfristen.

Bei einem Dienstverhältnis, das kein Arbeitsverhältnis im Sinne des § 622 ist, ist die Kündigung zulässig,
1. wenn die Vergütung nach Tagen bemessen ist, an jedem Tag für den Ablauf des folgenden Tages;
2. wenn die Vergütung nach Wochen bemessen ist, spätestens am ersten Werktag einer Woche für den Ablauf des folgenden Sonnabends;
3. wenn die Vergütung nach Monaten bemessen ist, spätestens am Fünfzehnten eines Monats für den Schluß des Kalendermonats;
4. wenn die Vergütung nach Vierteljahren oder längeren Zeitabschnitten bemessen ist, unter Einhaltung einer Kündigungsfrist von sechs Wochen für den Schluß eines Kalendervierteljahres;
5. wenn die Vergütung nicht nach Zeitabschnitten bemessen ist, jederzeit; bei einem die Erwerbstätigkeit des Verpflichteten vollständig oder hauptsächlich in Anspruch nehmenden Dienstverhältnis ist jedoch eine Kündigungsfrist von zwei Wochen einzuhalten.

§ 622. Kündigungsfrist bei Arbeitsverhältnissen.

(1) Das Arbeitsverhältnis eines Arbeiters oder eines Angestellten (Arbeitnehmers) kann mit einer Frist von vier Wochen zum Fünfzehnten oder zum Ende eines Kalendermonats gekündigt werden.

(2) Für eine Kündigung durch den Arbeitgeber beträgt die Kündigungsfrist, wenn das Arbeitsverhältnis in dem Betrieb oder Unternehmen
1. zwei Jahre bestanden hat, einen Monat zum Ende eines Kalendermonats,
2. fünf Jahre bestanden hat, zwei Monate zum Ende eines Kalendermonats,
3. acht Jahre bestanden hat, drei Monate zum Ende eines Kalendermonats,
4. zehn Jahre bestanden hat, vier Monate zum Ende eines Kalendermonats,
5. zwölf Jahre bestanden hat, fünf Monate zum Ende eines Kalendermonats,
6. fünfzehn Jahre bestanden hat, sechs Monate zum Ende eines Kalendermonats,
7. zwanzig Jahre bestanden hat, sieben Monate zum Ende eines Kalendermonats.
Bei der Berechnung der Beschäftigungsdauer werden Zeiten, die vor der Vollendung des 25. Lebensjahres des Arbeitnehmers liegen, nicht berücksichtigt.

(3) Während einer vereinbarten Probezeit, längstens für die Dauer von sechs Monaten, kann das Arbeitsverhältnis mit einer Frist von zwei Wochen gekündigt werden.

(4) Von den Absätzen 1 bis 3 abweichende Regelungen können durch Tarifvertrag vereinbart werden. Im Geltungsbereich eines solchen Tarifvertrages gelten die abweichenden tarifvertraglichen Bestimmungen zwischen nichttarifgebundenen Arbeitgebern und Arbeitnehmern, wenn ihre Anwendung zwischen ihnen vereinbart ist.

(5) Einzelvertraglich kann eine kürzere als die in Absatz 1 genannte Kündigungsfrist nur vereinbart werden,
1. wenn ein Arbeitnehmer zur vorübergehenden Aushilfe eingestellt ist; dies gilt nicht, wenn das Arbeitsverhältnis über die Zeit von drei Monaten hinaus fortgesetzt wird;
2. wenn der Arbeitgeber in der Regel nicht mehr als zwanzig

Arbeitnehmer ausschließlich der zu ihrer Berufsbildung Beschäftigten beschäftigt und die Kündigungsfrist vier Wochen nicht unterschreitet. Bei der Feststellung der Zahl der beschäftigten Arbeitnehmer sind nur Arbeitnehmer zu berücksichtigen, deren regelmäßige Arbeitszeit wöchentlich zehn Stunden oder monatlich fünfundzwanzig Stunden übersteigt.

Die einzelvertragliche Vereinbarung längerer als der in den Absätzen 1 bis 3 genannten Kündigungsfristen bleibt hiervon unberührt.

(6) Für die Kündigung des Arbeitsverhältnisses durch den Arbeitnehmer darf keine längere Frist vereinbart werden als für die Kündigung durch den Arbeitgeber.

4. Betriebsverfassungsgesetz (BetrVG)

§ 5. Arbeitnehmer.

(1) Arbeitnehmer im Sinne dieses Gesetzes sind Arbeiter und Angestellte einschließlich der zu ihrer Berufsausbildung Beschäftigten.

(2) Als Arbeitnehmer im Sinne dieses Gesetzes gelten nicht
1. in Betrieben einer juristischen Person die Mitglieder des Organs, das zur gesetzlichen Vertretung der juristischen Person berufen ist;
2. die Gesellschafter einer offenen Handelsgesellschaft oder die Mitglieder einer anderen Personengesamtheit, soweit sie durch Gesetz, Satzung oder Gesellschaftsvertrag zur Vertretung der Personengesamtheit oder zur Geschäftsführung berufen sind, in deren Betrieben;
3. Personen, deren Beschäftigung nicht in erster Linie ihrem Erwerb dient, sondern vorwiegend durch Beweggründe karitativer oder religiöser Art bestimmt ist;
4. Personen, deren Beschäftigung nicht in erster Linie ihrem Erwerb dient und die vorwiegend zu ihrer Heilung, Wiedereingewöhnung, sittlichen Besserung oder Erziehung beschäftigt werden;
5. der Ehegatte, Verwandte und Verschwägerte ersten Grades, die in häuslicher Gemeinschaft mit dem Arbeitgeber leben.

(3) Dieses Gesetz findet, soweit in ihm nicht ausdrücklich etwas anderes bestimmt ist, keine Anwendung auf leitende Angestellte. Leitender Angestellter ist, wer nach Arbeitsvertrag und Stellung im Unternehmen oder im Betrieb
1. zur selbständigen Einstellung und Entlassung von im Betrieb oder in der Betriebsabteilung beschäftigten Arbeitnehmern berechtigt ist oder
2. Generalvollmacht oder Prokura hat und die Prokura auch im Verhältnis zum Arbeitgeber nicht unbedeutend ist oder
3. regelmäßig sonstige Aufgaben wahrnimmt, die für den Bestand

und die Entwicklung des Unternehmens oder eines Betriebs von Bedeutung sind und deren Erfüllung besondere Erfahrungen und Kenntnisse voraussetzt, wenn er dabei entweder die Entscheidungen im wesentlichen frei von Weisungen trifft oder sie maßgeblich beeinflußt; dies kann auch bei Vorgaben insbesondere auf Grund von Rechtsvorschriften, Plänen oder Richtlinien sowie bei Zusammenarbeit mit anderen leitenden Angestellten gegeben sein.

(4) Leitender Angestellter nach Absatz 3 Nr. 3 ist im Zweifel, wer
1. aus Anlaß der letzten Wahl des Betriebsrats, des Sprecherausschusses oder von Aufsichtsratsmitgliedern der Arbeitnehmer oder durch rechtskräftige gerichtliche Entscheidung den leitenden Angestellten zugeordnet worden ist oder
2. einer Leitungsebene angehört, auf der in dem Unternehmen überwiegend leitende Angestellte vertreten sind, oder
3. ein regelmäßiges Jahresarbeitsentgelt erhält, das für leitende Angestellte in dem Unternehmen üblich ist, oder,
4. falls auch bei der Anwendung der Nummer 3 noch Zweifel bleiben, ein regelmäßiges Jahresarbeitsentgelt erhält, das das Dreifache der Bezugsgröße nach § 18 des Vierten Buches Sozialgesetzbuch überschreitet.

§ 102. Mitbestimmung bei Kündigungen.

(1) Der Betriebsrat ist vor jeder Kündigung zu hören. Der Arbeitgeber hat ihm die Gründe für die Kündigung mitzuteilen. Eine ohne Anhörung des Betriebsrats ausgesprochene Kündigung ist unwirksam.

(2) Hat der Betriebsrat gegen eine ordentliche Kündigung Bedenken, so hat er diese unter Angabe der Gründe dem Arbeitgeber spätestens innerhalb einer Woche schriftlich mitzuteilen. Äußert er sich innerhalb dieser Frist nicht, gilt seine Zustimmung zur Kündigung als erteilt. Hat der Betriebsrat gegen eine außerordentliche Kündigung Bedenken, so hat er diese unter Angabe der Gründe dem Arbeitgeber unverzüglich, spätestens jedoch innerhalb von drei Tagen, schriftlich mitzuteilen. Der Betriebsrat soll, soweit dies erforderlich erscheint, vor seiner Stellungnahme den

betroffenen Arbeitnehmer hören. § 99 Abs. 1 Satz 3 gilt entsprechend.

(3) Der Betriebsrat kann innerhalb der Frist des Absatzes 2 Satz 1 der ordentlichen Kündigung widersprechen, wenn
1. der Arbeitgeber bei der Auswahl des zu kündigenden Arbeitnehmers soziale Gesichtspunkte nicht oder nicht ausreichend berücksichtigt hat,
2. die Kündigung gegen eine Richtlinie nach § 95 verstößt,
3. der zu kündigende Arbeitnehmer an einem anderen Arbeitsplatz im selben Betrieb oder in einem anderen Betrieb des Unternehmens weiterbeschäftigt werden kann,
4. die Weiterbeschäftigung des Arbeitnehmers nach zumutbaren Umschulungs- oder Fortbildungsmaßnahmen möglich ist oder
5. eine Weiterbeschäftigung des Arbeitnehmers unter geänderten Vertragsbedingungen möglich ist und der Arbeitnehmer sein Einverständnis hiermit erklärt hat.

(4) Kündigt der Arbeitgeber, obwohl der Betriebsrat nach Absatz 3 der Kündigung widersprochen hat, so hat er dem Arbeitnehmer mit der Kündigung eine Abschrift der Stellungnahme des Betriebsrats zuzuleiten.

(5) Hat der Betriebsrat einer ordentlichen Kündigung frist- und ordnungsgemäß widersprochen, und hat der Arbeitnehmer nach dem Kündigungsschutzgesetz Klage auf Feststellung erhoben, daß das Arbeitsverhältnis durch die Kündigung nicht aufgelöst ist, so muß der Arbeitgeber auf Verlangen des Arbeitnehmers diesen nach Ablauf der Kündigungsfrist bis zum rechtskräftigen Abschluß des Rechtsstreits bei unveränderten Arbeitsbedingungen weiterbeschäftigen. Auf Antrag des Arbeitgebers kann das Gericht ihn durch einstweilige Verfügung von der Verpflichtung zur Weiterbeschäftigung nach Satz 1 entbinden, wenn
1. die Klage des Arbeitnehmers keine hinreichende Aussicht auf Erfolg bietet oder mutwillig erscheint oder
2. die Weiterbeschäftigung des Arbeitnehmers zu einer unzumutbaren wirtschaftlichen Belastung des Arbeitgebers führen würde oder

3. der Widerspruch des Betriebsrats offensichtlich unbegründet war.

(6) Arbeitgeber und Betriebsrat können vereinbaren, daß Kündigungen der Zustimmung des Betriebsrats bedürfen und daß bei Meinungsverschiedenheiten über die Berechtigung der Nichterteilung der Zustimmung die Einigungsstelle entscheidet.

(7) Die Vorschriften über die Beteiligung des Betriebsrats nach dem Kündigungsschutzgesetz und nach § 8 Abs. 1 des Arbeitsförderungsgesetzes bleiben unberührt.

§ 103. Außerordentliche Kündigung in besonderen Fällen.

(1) Die außerordentliche Kündigung von Mitgliedern des Betriebsrats, der Jugend- und Auszubildendenvertretung, der Bordvertretung und des Seebetriebsrats, des Wahlvorstands sowie von Wahlbewerbern bedarf der Zustimmung des Betriebsrats.

(2) Verweigert der Betriebsrat seine Zustimmung, so kann das Arbeitsgericht sie auf Antrag des Arbeitgebers ersetzen, wenn die außerordentliche Kündigung unter Berücksichtigung aller Umstände gerechtfertigt ist. In dem Verfahren vor dem Arbeitsgericht ist der betroffene Arbeitnehmer Beteiligter.

§ 113. Nachteilsausgleich.

(1) Weicht der Unternehmer von einem Interessenausgleich über die geplante Betriebsänderung ohne zwingenden Grund ab, so können Arbeitnehmer, die infolge dieser Abweichung entlassen werden, beim Arbeitsgericht Klage erheben mit dem Antrag, den Arbeitgeber zur Zahlung von Abfindungen zu verurteilen; § 10 des Kündigungsschutzgesetzes gilt entsprechend.

(2) Erleiden Arbeitnehmer infolge einer Abweichung nach Absatz 1 andere wirtschaftliche Nachteile, so hat der Unternehmer diese Nachteile bis zu einem Zeitraum von zwölf Monaten auszugleichen.

(3) Die Absätze 1 und 2 gelten entsprechend, wenn der Unternehmer eine geplante Betriebsänderung nach § 111 durchführt, ohne über sie einen Interessenausgleich mit dem Betriebsrat versucht zu haben, und infolge der Maßnahme Arbeitnehmer entlassen werden oder andere wirtschaftliche Nachteile erleiden. Der Unternehmer hat den Interessenausgleich versucht, wenn er den Betriebsrat gemäß § 111 Satz 1 beteiligt hat und nicht innerhalb von zwei Monaten nach Beginn der Beratungen oder schriftlicher Aufforderung zur Aufnahme der Beratungen ein Interessenausgleich nach § 112 Abs. 2 und 3 zustande gekommen ist. Wird innerhalb der Frist nach Satz 2 die Einigungsstelle angerufen, endet die Frist einen Monat nach Anrufung der Einigungsstelle, wenn dadurch die Frist nach Satz 2 überschritten wird.

5. Sprecherausschußgesetz (SprAuG)

§ 31. Personelle Maßnahmen.

(1) Eine beabsichtigte Einstellung oder personelle Veränderung eines leitenden Angestellten ist dem Sprecherausschuß rechtzeitig mitzuteilen.

(2) Der Sprecherausschuß ist vor jeder Kündigung eines leitenden Angestellten zu hören. Der Arbeitgeber hat ihm die Gründe für die Kündigung mitzuteilen. Eine ohne Anhörung des Sprecherausschusses ausgesprochene Kündigung ist unwirksam. Bedenken gegen eine ordentliche Kündigung hat der Sprecherausschuß dem Arbeitgeber spätestens innerhalb einer Woche, Bedenken gegen eine außerordentliche Kündigung unverzüglich, spätestens jedoch innerhalb von drei Tagen, unter Angabe der Gründe schriftlich mitzuteilen. Äußert er sich innerhalb der nach Satz 4 maßgebenden Frist nicht, so gilt dies als Einverständnis des Sprecherausschusses mit der Kündigung.

(3) Die Mitglieder des Sprecherausschusses sind verpflichtet, über die ihnen im Rahmen personeller Maßnahmen nach den Absätzen 1 und 2 bekanntgewordenen persönlichen Verhältnisse und Angelegenheiten der leitenden Angestellten, die ihrer Bedeutung oder ihrem Inhalt nach einer vertraulichen Behandlung bedürfen, Stillschweigen zu bewahren; § 29 Abs. 1 Satz 2 und 3 gilt entsprechend.

6. Mutterschutzgesetz (MuSchG)

§ 9. Kündigungsverbot.

(1) Die Kündigung gegenüber einer Frau während der Schwangerschaft und bis zum Ablauf von vier Monaten nach der Entbindung ist unzulässig, wenn dem Arbeitgeber zur Zeit der Kündigung die Schwangerschaft oder Entbindung bekannt war oder innerhalb zweier Wochen nach Zugang der Kündigung mitgeteilt wird; das Überschreiten dieser Frist ist unschädlich, wenn es auf einem von der Frau nicht zu vertretenden Grund beruht und die Mitteilung unverzüglich nachgeholt wird. Die Vorschrift des Satzes 1 gilt nicht für Frauen, die von demselben Arbeitgeber im Familienhaushalt mit hauswirtschaftlichen, erzieherischen oder pflegerischen Arbeiten in einer ihre Arbeitskraft voll in Anspruch nehmenden Weise beschäftigt werden, nach Ablauf des fünften Monats der Schwangerschaft; sie gilt für Frauen, die den in Heimarbeit Beschäftigten gleichgestellt sind, nur, wenn sich die Gleichstellung auch auf den Neunten Abschnitt – Kündigung – § 7 des Heimarbeitsgesetzes vom 14. März 1951 (Bundesgesetzblatt I S. 191) erstreckt.

(2) Kündigt eine schwangere Frau, gilt § 5 Abs. 1 Satz 3 entsprechend.

(3) Die für den Arbeitsschutz zuständige oberste Landesbehörde oder die von ihr bestimmte Stelle kann in besonderen Fällen ausnahmsweise die Kündigung für zulässig erklären. Der Bundesminister für Frauen und Jugend wird ermächtigt, mit Zustimmung des Bundesrates allgemeine Verwaltungsvorschriften zur Durchführung des Satzes 1 zu erlassen.

(4) In Heimarbeit Beschäftigte und ihnen Gleichgestellte dürfen während der Schwangerschaft und bis zum Ablauf von vier Monaten nach der Entbindung nicht gegen ihren Willen bei der Ausgabe von Heimarbeit ausgeschlossen werden; die Vorschriften der §§ 3, 4, 6 und 8 Abs. 5 bleiben unberührt.

§ 10. Erhaltung von Rechten.

(1) Eine Frau kann während der Schwangerschaft und während der Schutzfrist nach der Entbindung (§ 6 Abs. 1) das Arbeitsverhältnis ohne Einhaltung einer Frist zum Ende der Schutzfrist nach der Entbindung kündigen.

(2) Wird das Arbeitsverhältnis nach Absatz 1 aufgelöst und wird die Frau innerhalb eines Jahres nach der Entbindung in ihrem bisherigen Betrieb wieder eingestellt, so gilt, soweit Rechte aus dem Arbeitsverhältnis von der Dauer der Betriebs- oder Berufszugehörigkeit oder von der Dauer der Beschäftigungs- oder Dienstzeit abhängen, das Arbeitsverhältnis als nicht unterbrochen. Dies gilt nicht, wenn die Frau in der Zeit von der Auflösung des Arbeitsverhältnisses bis zur Wiedereinstellung bei einem anderen Arbeitgeber beschäftigt war.

7. Bundeserziehungsgeldgesetz (BErzGG)

§ 18. Kündigungsschutz.

(1) Der Arbeitgeber darf das Arbeitsverhältnis ab dem Zeitpunkt, von dem an Erziehungsurlaub verlangt worden ist, höchstens jedoch sechs Wochen vor Beginn des Erziehungsurlaubs, und während des Erziehungsurlaubs nicht kündigen. In besonderen Fällen kann ausnahmsweise eine Kündigung für zulässig erklärt werden. Die Zulässigkeitserklärung erfolgt durch die für den Arbeitsschutz zuständige, oberste Landesbehörde oder die von ihr bestimmte Stelle. Der Bundesminister für Familie und Senioren wird ermächtigt, mit Zustimmung des Bundesrates allgemeine Verwaltungsvorschriften zur Durchführung des Satzes 2 zu erlassen.

(2) Absatz 1 gilt entsprechend, wenn der Arbeitnehmer
1. während des Erziehungsurlaubs bei seinem Arbeitgeber Teilzeitarbeit leistet oder
2. ohne Erziehungsurlaub in Anspruch zu nehmen, bei seinem Arbeitgeber Teilzeitarbeit leistet und Anspruch auf Erziehungsgeld hat oder nur deshalb nicht hat, weil das Einkommen (§ 6) die Einkommensgrenzen (§ 5 Abs. 2) übersteigt. Der Kündigungsschutz nach Nummer 2 besteht nicht, solange kein Anspruch auf Erziehungsurlaub nach § 15 besteht.

§ 19. Kündigung zum Ende des Erziehungsurlaubs.

Der Arbeitnehmer kann das Arbeitsverhältnis zum Ende des Erziehungsurlaubs nur unter Einhaltung einer Kündigungsfrist von drei Monaten kündigen.

8. Schwerbehindertengesetz (SchwbG)

§ 1. Schwerbehinderte.

Schwerbehinderte im Sinne dieses Gesetzes sind Personen mit einem Grad der Behinderung von wenigstens 50, sofern sie ihren Wohnsitz, ihren gewöhnlichen Aufenthalt oder ihre Beschäftigung auf einem Arbeitsplatz im Sinne des § 7 Abs. 1 rechtmäßig im Geltungsbereich dieses Gesetzes haben.

§ 2. Gleichgestellte.

(1) Personen mit einem Grad der Behinderung von weniger als 50, aber wenigstens 30, bei denen im übrigen die Voraussetzungen des § 1 vorliegen, sollen auf Grund einer Feststellung nach § 4 auf ihren Antrag vom Arbeitsamt Schwerbehinderten gleichgestellt werden, wenn sie infolge ihrer Behinderung ohne die Gleichstellung einen geeigneten Arbeitsplatz im Sinne des § 7 Abs. 1 nicht erlangen oder nicht behalten können. Die Gleichstellung wird mit dem Tag des Eingangs des Antrages wirksam. Sie kann befristet werden.

(2) Auf Gleichgestellte ist dieses Gesetz mit Ausnahme des § 47 und des Elften Abschnitts anzuwenden.

§ 3. Behinderung.

(1) Behinderung im Sinne dieses Gesetzes ist die Auswirkung einer nicht nur vorübergehenden Funktionsbeeinträchtigung, die auf einem regelwidrigen körperlichen, geistigen oder seelischen Zustand beruht. Regelwidrig ist der Zustand, der von dem für das Lebensalter typischen abweicht. Als nicht nur vorübergehend gilt ein Zeitraum von mehr als 6 Monaten. Bei mehreren sich gegenseitig beeinflussenden Funktionsbeeinträchtigungen ist deren Gesamtauswirkung maßgeblich.

(2) Die Auswirkung der Funktionsbeeinträchtigung ist als Grad der Behinderung (GdB), nach Zehnergraden abgestuft, von 20 bis 100 festzustellen.

(3) Für den Grad der Behinderung gelten die im Rahmen des § 30 Abs. 1 des Bundesversorgungsgesetzes festgelegten Maßstäbe entsprechend.

§ 4. Feststellung der Behinderung, Ausweise.

(1) Auf Antrag des Behinderten stellen die für die Durchführung des Bundesversorgungsgesetzes zuständigen Behörden das Vorliegen einer Behinderung und den Grad der Behinderung fest. Das Gesetz über das Verwaltungsverfahren der Kriegsopferversorgung ist entsprechend anzuwenden, soweit nicht das Sozialgesetzbuch Anwendung findet.

(2) Eine Feststellung nach Absatz 1 ist nicht zu treffen, wenn eine Feststellung über das Vorliegen einer Behinderung und den Grad einer auf ihr beruhenden Minderung der Erwerbstätigkeit schon in einem Rentenbescheid, einer entsprechenden Verwaltungs- oder Gerichtsentscheidung oder einer vorläufigen Bescheinigung der für diese Entscheidungen zuständigen Dienststellen getroffen worden ist, es sei denn, daß der Behinderte ein Interesse an anderweitiger Feststellung nach Absatz 1 glaubhaft macht. Eine Feststellung nach Satz 1 gilt zugleich als Feststellung des Grades der Behinderung.

(3) Liegen mehrere Funktionsbeeinträchtigungen vor, so ist der Grad der Behinderung nach den Auswirkungen der Funktionsbeeinträchtigungen in ihrer Gesamtheit unter Berücksichtigung ihrer wechselseitigen Beziehungen festzustellen. Für diese Entscheidung gilt Absatz 1, es sei denn, daß in einer Entscheidung nach Absatz 2 eine Gesamtbeurteilung bereits getroffen worden ist.

(4) Sind neben dem Vorliegen der Behinderung weitere gesundheitliche Merkmale Voraussetzung für die Inanspruchnahme von Nachteilsausgleichen, so treffen die für die Durchführung des

Bundesversorgungsgesetzes zuständigen Behörden die erforderlichen Feststellungen im Verfahren nach Absatz 1.

(5) Auf Antrag des Behinderten stellen die für die Durchführung des Bundesversorgungsgesetzes zuständigen Behörden auf Grund einer Feststellung nach den Absätzen 1, 2, 3 oder 4 einen Ausweis über die Eigenschaft als Schwerbehinderter, den Grad der Behinderung sowie im Falle des Absatzes 4 über weitere gesundheitliche Merkmale aus. Der Ausweis dient dem Nachweis für die Inanspruchnahme von Rechten und Nachteilsausgleichen, die Schwerbehinderten nach diesem Gesetz oder nach anderen Vorschriften zustehen. Die Gültigkeitsdauer des Ausweises ist zu befristen. Er ist einzubeziehen, sobald der gesetzliche Schutz Schwerbehinderter erloschen ist; im übrigen ist er zu berichtigen, sobald eine Neufeststellung unanfechtbar geworden ist. Die Bundesregierung wird ermächtigt, durch Rechtsverordnung mit Zustimmung des Bundesrates nähere Vorschriften über die Gestaltung der Ausweise, ihre Gültigkeitsdauer und das Verwaltungsverfahren zu erlassen.

(6) Für die Streitigkeiten über Feststellungen nach den Absätzen 1 und 4 und die Ausstellung, Berichtigung und Einbeziehung der Ausweise nach Absatz 5 ist der Rechtsweg zu den Gerichten der Sozialgerichtsbarkeit gegeben. Soweit das Sozialgerichtsgesetz besondere Vorschriften für die Kriegsopferversorgung enthält, gelten diese auch für Streitigkeiten nach Satz 1.

§ 15. Erfordernis der Zustimmung.

Die Kündigung des Arbeitsverhältnisses eines Schwerbehinderten durch den Arbeitgeber bedarf der vorherigen Zustimmung der Hauptfürsorgestelle.

§ 16. Kündigungsfrist.

Die Kündigungsfrist beträgt mindestens 4 Wochen.

§ 17. Antragsverfahren.

(1) Die Zustimmung zur Kündigung hat der Arbeitgeber bei der für den Sitz des Betriebes oder der Dienststelle zuständigen Hauptfürsorgestelle schriftlich, und zwar in doppelter Ausfertigung zu beantragen. Der Begriff des Betriebes und der Begriff der Dienststelle im Sinne dieses Gesetzes bestimmen sich nach dem Betriebsverfassungsgesetz und dem Personalvertretungsrecht.

(2) Die Hauptfürsorgestelle holt eine Stellungnahme des zuständigen Arbeitsamtes, des Betriebsrates oder Personalrates und der Schwerbehindertenvertretung ein. Sie hat ferner den Schwerbehinderten zu hören.

(3) Die Hauptfürsorgestelle hat in jeder Lage des Verfahrens auf eine gütliche Einigung hinzuwirken.

§ 18. Entscheidung der Hauptfürsorgestelle.

(1) Die Hauptfürsorgestelle soll die Entscheidung, falls erforderlich auf Grund mündlicher Verhandlung, innerhalb eines Monats vom Tage des Eingangs des Antrages an treffen.

(2) Die Entscheidung ist dem Arbeitgeber und dem Schwerbehinderten zuzustellen. Dem Arbeitsamt ist eine Abschrift der Entscheidung zu übersenden.

(3) Erteilt die Hauptfürsorgestelle die Zustimmung zur Kündigung, kann der Arbeitgeber die Kündigung nur innerhalb eines Monats nach Zustellung erklären.

(4) Widerspruch und Anfechtungsklage gegen die Zustimmung der Hauptfürsorgestelle zur Kündigung haben keine aufschiebende Wirkung.

§ 19. Einschränkungen der Ermessensentscheidung.

(1) Die Hauptfürsorgestelle hat die Zustimmung zu erteilen bei Kündigungen in Betrieben und Dienststellen, die nicht nur vorübergehend eingestellt oder aufgelöst werden, wenn zwischen dem Tage der Kündigung und dem Tage, bis zu dem Gehalt oder

Lohn gezahlt wird, mindestens 3 Monate liegen. Unter der gleichen Voraussetzung soll sie die Zustimmung auch bei Kündigungen in Betrieben und Dienststellen erteilen, die nicht nur vorübergehend wesentlich eingeschränkt werden, wenn die Gesamtzahl der verbleibenden Schwerbehinderten zur Erfüllung der Verpflichtung nach § 5 ausreicht. Die Sätze 1 und 2 gelten nicht, wenn eine Weiterbeschäftigung auf einem anderen Arbeitsplatz desselben Betriebes oder derselben Dienststelle oder auf einem freien Arbeitsplatz in einem anderen Betrieb oder einer anderen Dienststelle desselben Arbeitgebers mit Einverständnis des Schwerbehinderten möglich und für den Arbeitgeber zumutbar ist.

(2) Die Hauptfürsorgestelle soll die Zustimmung erteilen, wenn dem Schwerbehinderten ein anderer angemessener und zumutbarer Arbeitsplatz gesichert ist.

§ 20. Ausnahmen.

(1) Die Vorschriften dieses Abschnitts gelten nicht für Schwerbehinderte,
1. deren Arbeitsverhältnis im Zeitpunkt des Zugangs der Kündigungserklärung ohne Unterbrechung noch nicht länger als 6 Monate besteht oder
2. die auf Stellen im Sinne des § 7 Abs. 2 Nr. 2 bis 5 beschäftigt werden oder
3. deren Arbeitsverhältnis durch Kündigung beendet wird, sofern sie
a) das 58. Lebensjahr vollendet haben und Anspruch auf eine Abfindung, Entschädigung oder ähnliche Leistung auf Grund eines Sozialplanes haben oder
b) Anspruch auf Knappschaftsausgleichsleistung nach dem Sechsten Buch Sozialgesetzbuch oder auf Anpassungsgeld für entlassene Arbeitnehmer des Bergbaus haben,
wenn der Arbeitgeber ihnen die Kündigungsabsicht rechtzeitig mitgeteilt hat und sie der beabsichtigten Kündigung bis zu deren Ausspruch nicht widersprechen.

(2) Die Vorschriften dieses Abschnitts finden ferner bei Entlas-

sungen, die aus Witterungsgründen vorgenommen werden, keine Anwendung, sofern die Wiedereinstellung der Schwerbehinderten bei Wiederaufnahme der Arbeit gewährleistet ist.

(3) Der Arbeitgeber hat Einstellungen auf Probe und die Beendigung von Arbeitsverhältnissen Schwerbehinderter in den Fällen des Absatzes 1 Nr. 1 unabhängig von der Anzeigepflicht nach anderen Gesetzen der Hauptfürsorgestelle innerhalb von 4 Tagen anzuzeigen.

§ 21. Außerordentliche Kündigung.

(1) Die Vorschriften dieses Abschnitts gelten mit Ausnahme von § 16 auch bei außerordentlicher Kündigung, soweit sich aus den folgenden Bestimmungen nichts Abweichendes ergibt.

(2) Die Zustimmung zur Kündigung kann nur innerhalb von 2 Wochen beantragt werden; maßgebend ist der Eingang des Antrages bei der Hauptfürsorgestelle. Die Frist beginnt mit dem Zeitpunkt, in dem der Arbeitgeber von den für die Kündigung maßgebenden Tatsachen Kenntnis erlangt.

(3) Die Hauptfürsorgestelle hat die Entscheidung innerhalb von 2 Wochen vom Tage des Eingangs des Antrages an zu treffen. Wird innerhalb dieser Frist eine Entscheidung nicht getroffen, gilt die Zustimmung als erteilt.

(4) Die Hauptfürsorgestelle soll die Zustimmung erteilen, wenn die Kündigung aus einem Grunde erfolgt, der nicht im Zusammenhang mit der Behinderung steht.

(5) Die Kündigung kann auch nach Ablauf der Frist des § 626 Abs. 2 Satz 1 des Bürgerlichen Gesetzbuchs erfolgen, wenn sie unverzüglich nach Erteilung der Zustimmung erklärt wird.

(6) Schwerbehinderte, denen lediglich aus Anlaß eines Streiks oder einer Aussperrung fristlos gekündigt worden ist, sind nach Beendigung des Streiks oder der Aussperrung wieder einzustellen.

§ 22. Erweiterter Beendigungsschutz.

Die Beendigung des Arbeitsverhältnisses eines Schwerbehinderten bedarf auch dann der vorherigen Zustimmung der Hauptfürsorgestelle, wenn sie im Falle des Eintritts der Berufsunfähigkeit oder der Erwerbsunfähigkeit auf Zeit ohne Kündigung erfolgt. Die Vorschriften dieses Abschnitts über die Zustimmung zur ordentlichen Kündigung gelten entsprechend.

9. Gesetz über den Schutz des Arbeitsplatzes bei Einberufung zum Wehrdienst (ArbPlSchG)

§ 1. Ruhen des Arbeitsverhältnisses.

(1) Wird ein Arbeitnehmer zum Grundwehrdienst oder zu einer Wehrübung einberufen, so ruht das Arbeitsverhältnis während des Wehrdienstes.

(2) Einem Arbeitnehmer im öffentlichen Dienst hat der Arbeitgeber während einer Wehrübung Arbeitsentgelt wie bei einem Erholungsurlaub zu zahlen. Zum Arbeitsentgelt gehören nicht besondere Zuwendungen, die mit Rücksicht auf den Erholungsurlaub gewährt werden.

(3) Der Arbeitnehmer hat den Einberufungsbescheid unverzüglich seinem Arbeitgeber vorzulegen.

(4) Ein befristetes Arbeitsverhältnis wird durch Einberufung zum Grundwehrdienst oder zu einer Wehrübung nicht verlängert; das gleiche gilt, wenn ein Arbeitsverhältnis aus anderen Gründen während des Wehrdienstes geendet hätte.

(5) Wird der Grundwehrdienst oder die Wehrübung vorzeitig beendet und muß der Arbeitgeber vorübergehend für zwei Personen am gleichen Arbeitsplatz Lohn oder Gehalt zahlen, so werden ihm die hierdurch ohne sein Verschulden entstandenen Mehraufwendungen vom Bund auf Antrag erstattet.

§ 2. Kündigungsschutz für Arbeitnehmer, Weiterbeschäftigung nach der Berufsausbildung.

(1) Von der Zustellung des Einberufungsbescheides bis zur Beendigung des Grundwehrdienstes sowie während einer Wehrübung darf der Arbeitgeber das Arbeitsverhältnis nicht kündigen.

(2) Im übrigen darf der Arbeitgeber das Arbeitsverhältnis nicht aus Anlaß des Wehrdienstes kündigen. Muß er aus dringenden betrieblichen Erfordernissen (§ 1 Abs. 2 des Kündigungsschutz-

gesetzes) Arbeitnehmer entlassen, so darf er bei der Auswahl der zu Entlassenden den Wehrdienst eines Arbeitnehmers nicht zu dessen Ungunsten berücksichtigen. Ist streitig, ob der Arbeitgeber aus Anlaß des Wehrdienstes gekündigt oder bei der Auswahl der zu Entlassenden den Wehrdienst zuungunsten des Arbeitnehmers berücksichtigt hat, so trifft die Beweislast den Arbeitgeber.

(3) Das Recht zur Kündigung aus wichtigem Grunde bleibt unberührt. Die Einberufung des Arbeitnehmers zum Wehrdienst ist kein wichtiger Grund zur Kündigung; dies gilt im Falle des Grundwehrdienstes von mehr als sechs Monaten nicht für unverheiratete Arbeitnehmer in Betrieben mit in der Regel fünf oder weniger Arbeitnehmern ausschließlich der zu ihrer Berufsbildung Beschäftigten, wenn dem Arbeitgeber infolge Einstellung einer Ersatzkraft die Weiterbeschäftigung des Arbeitnehmers nach Entlassung aus dem Wehrdienst nicht zugemutet werden kann. Bei der Feststellung der Zahl der beschäftigten Arbeitnehmer nach Satz 2 sind nur Arbeitnehmer zu berücksichtigen, deren regelmäßige Arbeitszeit wöchentlich 10 Stunden oder monatlich 45 Stunden übersteigt. Satz 3 berührt nicht die Rechtsstellung der Arbeitnehmer, die am 1. Mai 1985 gegenüber ihrem Arbeitgeber Rechte aus Satz 2 herleiten könnten. Eine nach Satz 2 zweiter Halbsatz zulässige Kündigung darf jedoch nur unter Einhaltung einer Frist von zwei Monaten für den Zeitpunkt der Entlassung aus dem Wehrdienst ausgesprochen werden.

(4) Geht dem Arbeitnehmer nach der Zustellung des Einberufungsbescheides oder während des Wehrdienstes eine Kündigung zu, so beginnt die Frist des § 4 Satz 1 des Kündigungsschutzgesetzes erst zwei Wochen nach Ende des Wehrdienstes.

(5) Der Ausbildende darf die Übernahme eines Auszubildenden in ein Arbeitsverhältnis auf unbestimmte Zeit nach Beendigung des Berufsausbildungsverhältnisses nicht aus Anlaß des Wehrdienstes ablehnen. Absatz 2 Satz 3 gilt entsprechend.

10. Gesetz über den Zivildienst der Kriegsdienstverweigerer (ZDG)

§ 78. Entsprechende Anwendung weiterer Rechtsvorschriften.

(1) Für anerkannte Kriegsdienstverweigerer gelten entsprechend
1. das Arbeitsplatzschutzgesetz mit der Maßgabe, daß in § 14a Abs. 2 an die Stelle des Bundesministeriums der Verteidigung und der von diesem bestimmten Stelle das Bundesministerium für Frauen und Jugend und die von diesem bestimmte Stelle treten und in § 14a Abs. 6 an die Stelle des Bundesministeriums der Verteidigung das Bundesministerium für Frauen und Jugend und daß an die Stelle der Dauer des Grundwehrdienstes die Dauer des Zivildienstes tritt,
2. das Unterhaltssicherungsgesetz mit der Maßgabe, daß in § 23 an die Stelle des Bundesministeriums der Verteidigung das Bundesministerium für Frauen und Jugend und daß an die Stelle der Dauer des Grundwehrdienstes die Dauer des Zivildienstes tritt.

(2) Soweit in diesem Gesetz nichts anderes bestimmt ist, steht der Zivildienst bei Anwendung der Vorschriften des öffentlichen Dienstrechts dem Wehrdienst auf Grund der Wehrpflicht gleich.

11. Handelsgesetzbuch (HGB)

§ 74. Vertragliches Wettbewerbsverbot.

(1) Eine Vereinbarung zwischen dem Prinzipal und dem Handlungsgehilfen, die den Gehilfen für die Zeit nach Beendigung des Dienstverhältnisses in seiner gewerblichen Tätigkeit beschränkt (Wettbewerbsverbot), bedarf der Schriftform und der Aushändigung einer vom Prinzipal unterzeichneten, die vereinbarten Bestimmungen enthaltenden Urkunde an den Gehilfen.

(2) Das Wettbewerbsverbot ist nur verbindlich, wenn sich der Prinzipal verpflichtet, für die Dauer des Verbots eine Entschädigung zu zahlen, die für jedes Jahr des Verbots mindestens die Hälfte der von dem Handlungsgehilfen zuletzt bezogenen vertragsmäßigen Leistungen erreicht.

§ 74a. Unverbindliches Verbot.

(1) Das Wettbewerbsverbot ist insoweit unverbindlich, als es nicht zum Schutze eines berechtigten geschäftlichen Interesses des Prinzipals dient. Es ist ferner unverbindlich, soweit es unter Berücksichtigung der gewährten Entschädigung nach Ort, Zeit oder Gegenstand eine unbillige Erschwerung des Fortkommens des Gehilfen enthält. Das Verbot kann nicht auf einen Zeitraum von mehr als zwei Jahren von der Beendigung des Dienstverhältnisses an erstreckt werden.

(2) Das Verbot ist nichtig, wenn die dem Gehilfen zustehenden jährlichen vertragsmäßigen Leistungen den Betrag von *fünfzehnhundert* Deutsche Mark nicht übersteigen. Das gleiche gilt, wenn der Gehilfe zur Zeit des Abschlusses minderjährig ist oder wenn sich der Prinzipal die Erfüllung auf Ehrenwort oder unter ähnlichen Versicherungen versprechen läßt. Nichtig ist auch die Vereinbarung, durch die ein Dritter an Stelle des Gehilfen die Verpflichtung übernimmt, daß sich der Gehilfe nach der Beendigung des Dienstverhältnisses in seiner gewerblichen Tätigkeit beschränken werde.

(3) Unberührt bleiben die Vorschriften des § 138 des Bürgerlichen Gesetzbuches über die Nichtigkeit von Rechtsgeschäften, die gegen die guten Sitten verstoßen.

§ 74b. Zahlung der Entschädigung.

(1) Die nach § 74 Abs. 2 dem Handlungsgehilfen zu gewährende Entschädigung ist am Schlusse jedes Monats zu zahlen.

(2) Soweit die dem Gehilfen zustehenden vertragsmäßigen Leistungen in einer Provision oder in anderen wechselnden Bezügen bestehen, sind sie bei der Berechnung der Entschädigung nach dem Durchschnitt der letzten drei Jahre in Ansatz zu bringen. Hat die für die Bezüge bei der Beendigung des Dienstverhältnisses maßgebende Vertragsbestimmung noch nicht drei Jahre bestanden, so erfolgt der Ansatz nach dem Durchschnitt des Zeitraums, für den die Bestimmung in Kraft war.

(3) Soweit Bezüge zum Ersatze besonderer Auslagen dienen sollen, die infolge der Dienstleistung entstehen, bleiben sie außer Ansatz.

§ 74c. Anrechnung anderweitigen Erwerbs.

(1) Der Handlungsgehilfe muß sich auf die fällige Entschädigung anrechnen lassen, was er während des Zeitraums, für den die Entschädigung gezahlt wird, durch anderweite Verwertung seiner Arbeitskraft erwirbt oder zu erwerben böswillig unterläßt, soweit die Entschädigung unter Hinzurechnung dieses Betrags den Betrag der zuletzt von ihm bezogenen vertragsmäßigen Leistungen um mehr als ein Zehntel übersteigen würde. Ist der Gehilfe durch das Wettbewerbsverbot gezwungen worden, seinen Wohnsitz zu verlegen, so tritt an die Stelle des Betrags von einem Zehntel der Betrag von einem Viertel. Für die Dauer der Verbüßung einer Freiheitsstrafe kann der Gehilfe eine Entschädigung nicht verlangen.

(2) Der Gehilfe ist verpflichtet, dem Prinzipal auf Erfordern über die Höhe seines Erwerbes Auskunft zu erteilen.

§ 75. Unwirksamwerden des Verbots.

(1) Löst der Gehilfe das Dienstverhältnis gemäß den Vorschriften der §§ 70 und 71 wegen vertragswidrigen Verhaltens des Prinzipals auf, so wird das Wettbewerbsverbot unwirksam, wenn der Gehilfe vor Ablauf eines Monats nach der Kündigung schriftlich erklärt, daß er sich an die Vereinbarung nicht gebunden erachte.

(2) In gleicher Weise wird das Wettbewerbsverbot unwirksam, wenn der Prinzipal das Dienstverhältnis kündigt, es sei denn, daß für die Kündigung ein erheblicher Anlaß in der Person des Gehilfen vorliegt oder daß sich der Prinzipal bei der Kündigung bereit erklärt, während der Dauer der Beschränkung dem Gehilfen die vollen zuletzt von ihm bezogenen vertragsmäßigen Leistungen zu gewähren. Im letzteren Falle finden die Vorschriften des § 74b entsprechende Anwendung.

(3) Löst der Prinzipal das Dienstverhältnis gemäß den Vorschriften der §§ 70 und 72 wegen vertragswidrigen Verhaltens des Gehilfen auf, so hat der Gehilfe keinen Anspruch auf die Entschädigung.

§ 75a. Verzicht des Prinzipals.

Der Prinzipal kann vor der Beendigung des Dienstverhältnisses durch schriftliche Erklärung auf das Wettbewerbsverbot mit der Wirkung verzichten, daß er mit dem Ablauf eines Jahres seit der Erklärung von der Verpflichtung zur Zahlung der Entschädigung frei wird.

§ 75b. Keine Entschädigungspflicht.

Ist der Gehilfe für eine Tätigkeit außerhalb Europas angenommen, so ist die Verbindlichkeit des Wettbewerbsverbots nicht davon abhängig, daß sich der Prinzipal zur Zahlung der in § 74 Abs. 2 vorgesehenen Entschädigung verpflichtet. Das gleiche gilt, wenn die dem Gehilfen zustehenden vertragsmäßigen Leistungen den Betrag von *achttausend* Deutsche Mark für das Jahr übersteigen; auf die Berechnung des Betrags der Leistungen finden die Vorschriften des § 74b Abs. 2 und 3 entsprechende Anwendung.

§ 75c. Vertragsstrafe.

(1) Hat der Handlungsgehilfe für den Fall, daß er die in der Vereinbarung übernommene Verpflichtung nicht erfüllt, eine Strafe versprochen, so kann der Prinzipal Ansprüche nur nach Maßgabe der Vorschriften des § 340 des Bürgerlichen Gesetzbuchs geltend machen. Die Vorschriften des Bürgerlichen Gesetzbuchs über die Herabsetzung einer unverhältnismäßig hohen Vertragsstrafe bleiben unberührt.

(2) Ist die Verbindlichkeit der Vereinbarung nicht davon abhängig, daß sich der Prinzipal zur Zahlung einer Entschädigung an den Gehilfen verpflichtet, so kann der Prinzipal, wenn sich der Gehilfe einer Vertragsstrafe der in Absatz 1 bezeichneten Art unterworfen hat, nur die verwirkte Strafe verlangen; der Anspruch auf Erfüllung oder auf Ersatz eines weiteren Schadens ist ausgeschlossen.

§ 75d. Unabdingbarkeit.

Auf eine Vereinbarung, durch die von den Vorschriften der §§ 74 bis 75c zum Nachteil des Handlungsgehilfen abgewichen wird, kann sich der Prinzipal nicht berufen. Das gilt auch von Vereinbarungen, die bezwecken, die gesetzlichen Vorschriften über das Mindestmaß der Entschädigung durch Verrechnungen oder auf sonstige Weise zu umgehen.

§ 75e.
(aufgehoben)

§ 75f. Geheimes Wettbewerbsverbot.

Im Falle einer Vereinbarung, durch die sich ein Prinzipal einem anderen Prinzipal gegenüber verpflichtet, einen Handlungsgehilfen, der bei diesem im Dienst ist oder gewesen ist, nicht oder nur unter bestimmten Voraussetzungen anzustellen, steht beiden Teilen der Rücktritt frei. Aus der Vereinbarung findet weder Klage noch Einrede statt.

Jack Canfield / Jacqueline Miller

Geben wir der Arbeit HERZ und SEELE zurück

Betrachtungen zur Sinnfrage der Arbeit und zur Stärkung des Selbstwertgefühls

ca. 350 Seiten, Leinen
mit Schutzumschlag
ISBN 3-7064-0281-5

Jack Canfield leitet die Foundation for Self-Esteem in Kalifornien. Im Rahmen seiner bisherigen Tätigkeit leitete er Intensivseminare für persönliche und berufliche Entwicklung, an denen bisher insgesamt 500.000 Menschen teilnahmen. Er ist Autor des New-York-Times-Bestsellers „Hühnersuppe für die Seele".
Jacqueline Miller ist Präsidentin von Partnerships for Change, einer in San Francisco ansässigen, innovativen Non-Profit-Organisation.

Ein engagiertes Plädoyer für eine bessere Arbeitswelt –

von Nelson Mandela bis Ken Blanchard

Die Rolle der Unternehmen in unserer heutigen Gesellschaft gerät zunehmend unter Kritik. Viele Millionen Menschen in Nordamerika, in Europa und auf der ganzen Welt fühlen sich an ihrem kalten, herzlosen Arbeitsplatz nicht mehr wohl. Die ständigen „Schrumpfungen" aufgrund des zunehmend härter werdenden Wettbewerbs führen dazu, daß immer mehr Arbeit auf die Schultern von immer weniger Arbeitnehmern geladen wird. Das „Herz" zählt nicht mehr, obwohl es für die Menschen zunehmend wichtiger wird, Mitverantwortung zu tragen und in einem Umfeld zu arbeiten, in der die Qualität der Beziehungen stimmt.
In diesem Buch machen uns die Autoren mit Geschichten und Strategien bekannt, die unsere Herzen öffnen und unserer Arbeit wieder eine Seele einhauchen. Der Bogen ist weit gespannt – von politischen Führern bis hin zu Taxifahrern. Sie alle verkünden eine eindringliche Botschaft: Es ist an der Zeit, daß wir unsere Arbeitsplätze „herzlich" machen und uns damit auseinandersetzen, wie wir arbeiten und wie wir miteinander umgehen.

Überall im Buchhandel

Der US-Bestseller zur Vorbereitung auf den Ruhestand

Hurra, es ist Feierabend!
Elwood N. Chapman
Vorbereitung auf den 3. Lebensabschnitt
Bestseller in den USA!

ca. 360 Seiten, Leinen
mit Schutzumschlag
ISBN 3-7064-0234-3

Dieses Buch wurde ganz im Hinblick auf den Leser konzipiert; es soll dabei helfen, den Ruhestand auf überlegte, logische und zugleich praktische Weise zu planen. Der Autor bietet eine Fülle praktischer Hilfestellungen, die es dem Leser ermöglichen, die angebotenen Informationen direkt auf seine persönliche Situation anzuwenden.

Zahlreiche konkrete Fallbeispiele regen zum Nachdenken an – und auch dazu, persönliche Überlegungen und Lösungsvorschläge mit denen des Verfassers zu vergleichen.

Somit dient dieses Werk als Handbuch für die Vorbereitung auf den Ruhestand sowie als Nachschlagewerk, das auch in der Pension wertvolle Hilfestellung leistet.

Elwood N. Chapman war nahezu 30 Jahre erfolgreich als Lehrer an einem College tätig, bevor er sich selbst zur Ruhe setzte. Er hat zahlreiche Bücher verfaßt, von denen bisher insgesamt mehr als eine Million Exemplare verkauft worden sind. „Hurra, es ist Feierabend!" ist in den USA mittlerweile zum erfolgreichsten Buch auf dem Gebiet der Pensionsplanung avanciert.

Überall im Buchhandel

Die Währungsunion kommt

Wenn der EURO rollt...

Michael Jungblut

Was bringt die Europäische Währungsunion für Arbeitnehmer, Sparer, Verbraucher und Unternehmer?

160 Seiten, Paperback
ISBN 3-7064-0235-1

Michael Jungblut ist Fernsehjournalist und Leiter der ZDF-Wirtschaftsredaktion; Moderator u. a. von WISO und 3sat Börse. Er ist Autor zahlreicher Bücher; für seine Publikationen wurde er mehrmals ausgezeichnet.

Wer zu spät kommt, den bestraft das Leben: Das gilt auch für die Vorbereitungen auf die Europäische Währungsunion. Zwar wird noch immer darüber gestritten, ob der Schritt wirklich gewagt werden soll oder ob nicht zumindest der Termin verschoben werden müßte. Dennoch wäre es fahrlässig, einfach nur abzuwarten. Vor allem Unternehmen könnten dann in arge Verlegenheit kommen. Es könnte ihnen passieren, daß sie keine Rechnungen verschicken und keine Löhne zahlen können. Denn Tausende von Computerprogrammen müssen umgeschrieben, Automaten umgestellt oder Druckaufträge für neue Formulare vergeben werden – um nur einige Beispiele zu nennen.

Aber auch viele Sparer, Verbraucher und Arbeitnehmer machen sich Sorgen. Was wird mit Preisen, Löhnen, Renten, Mieten? Sind möglicherweise die Ersparnisse vieler Jahre bedroht? Soll man auf diejenigen hören, die dazu raten, das Geld erst einmal in Sicherheit zu bringen – oder droht dann erst recht ein herber Verlust?

Michael Jungblut gibt Antwort auf über hundert Fragen rund um den Euro, die aus dem Kreis der Millionen WISO-Zuschauer immer wieder an ihn herangetragen wurden. Denn: Wer kommende Chancen nutzen will, muß Bescheid wissen.

Überall im Buchhandel